Berit Hein • Reinhard Rubow • Jörg Ahlbrecht

Mit Gott rechnen

Vom biblischen Umgang mit unseren Finanzen

Berit Hein • Reinhard Rubow • Jörg Ahlbrecht

Mit Gott rechnen

Vom biblischen Umgang mit unseren Finanzen

GerthMedien

1. Auflage 2005
Best.-Nr. 815 075

ISBN 3-89437-075-0

Umschlaggestaltung: Hanni Plato
Umschlagfoto: Getty Images/Gary S. & Vivian Chapman
Satz: Die Feder GmbH, Wetzlar
Druck und Verarbeitung: Ebner & Spiegel, Ulm

Inhalt

Vorwort

Warum haben wir dieses Buch geschrieben?

Ich habe über ein Jahrzehnt lang in einer Bank gearbeitet. Dort begegneten mir zahllose Menschen mit ihren ganz eigenen Geschichten. Es gab Kunden, die ein geringes Einkommen hatten und damit auskamen, und es gab solche, die nicht damit auskamen. Aber auch einige von denen, die viel Geld verdienten, kamen nie damit aus. Und die Kundenbetreuer kannten ihre »Pappenheimer«. Sie wussten, wer gut und sorgfältig mit dem Geld umging und wer immer in den roten Zahlen war.

Und ich selbst?

Irgendwie hatte ich das Gefühl, dass mir das Geld zwischen den Fingern zerrann, sobald ich es hatte. Während meines Studiums und der Ausbildung stand mir nur wenig Geld zur Verfügung, und somit hatte ich eine gute Ausrede, warum es nicht reichte. Doch als ich dann voll verdiente, reichte es irgendwie auch nicht! Wieso bloß? Hinzu kam, dass ich Christ und später Mitglied einer freien Gemeinde geworden war. Nun zahlte ich keine Kirchensteuer mehr, sondern ich gab das Geld direkt – den so genannten »Zehnten«.

So fing ich an, mich mit dem Thema »Private Finanzen« auseinander zu setzen. Ging es in meiner Ausbildung in der Bank um die Themen »Anlagen, Börse, Kredite«, so beschäftigte ich mich jetzt mit der biblischen Sicht der Finanzen und las viele interessante und inspirierende Bücher darüber.

Und doch fehlte mir etwas. Mein Herz hatte sich verändert, und das hatte auch Auswirkungen auf mein Verhalten, aber ich hatte den Eindruck, dass es noch besser werden könnte. So fing ich an, Bücher zu lesen, die sich mit finanziellen Themen beschäftigten, damit, wie man gut haushaltet, wie man Geld anlegt, nach welchen Gesichtspunkten man Vermögen durch Sparen aufbauen kann, wie man ein Budget aufstellt. Nach und nach erkannte ich, dass ich mir ernsthaft Gedanken über bestimmte Strategien des Sparens und Geldausgebens machen musste. Ich brauchte einen Plan.

Mittlerweile kommen mein Mann und ich wesentlich besser mit unseren Finanzen klar, auch wenn unser Einkommen durch verschiedene Veränderungen in den letzten drei Jahren wesentlich geringer geworden ist.

Trotzdem bin ich noch nicht am Ende meiner Reise angekommen – ich bin immer noch eine Lernende. Ab und zu falle ich in alte Verhaltensmuster zurück und tappe in eine der zahllosen Fallen. Aber das ist normal, denn bei der Veränderung im Bereich Finanzen geht es um verändertes Verhalten, und das braucht Zeit, Ausdauer, Geduld und die Bereitschaft, immer wieder weiterzumachen – auch nach Rückschlägen.

Nachdem ich in diesem Bereich so viel Neues und Sinnvolles dazugelernt hatte, entdeckte ich, dass es vielen in meiner Gemeinde ähnlich ging wie mir. Ich stand mit meinen Schwierigkeiten und Fragen nicht alleine da. So fing ich an, christliche Finanz-Seminare zu geben. Doch dabei musste ich feststellen, dass es im Grunde in Deutschland kein Arbeitsbuch für solche Seminare gibt – eines, das sowohl die Sicht der Bibel verdeutlicht und praktische und konkrete Hilfen zur Umsetzung enthält als auch bestimmte finanzmathematische Zusammenhänge auf einem nachvollziehbaren Niveau verdeutlicht!

Deshalb kam mir der Gedanke: *So ein Buch musst du schreiben.*

Mit viel Herzklopfen nahm ich Kontakt zu Gerth Medien auf und erfuhr, dass es ein solches Programm bereits gibt. Es heißt *Good Sense* und wurde von der *Willow Creek*-Gemeinde in Chicago entwickelt. Ob ich mir vielleicht vorstellen könnte, eine deutsche Einführung über dieses Programm zu schreiben, es mit einzuführen, fragte man mich und sandte mir Informationen zu.

Schon die ersten Zusammenfassungen und Leseproben nahmen mich für das Programm ein. Das, was ich las, sprach mir aus dem Herzen. Je mehr ich mich in die verschiedenen Bücher und Materialien von *Good Sense* einarbeitete, desto größer wurde meine Begeisterung.

Good Sense umfasst biblische Aussagen, konkrete Hilfen und finanzmathematische Zusammenhänge und macht daraus ein lebensnahes Kursprogramm. Es holt jeden Teilnehmer da ab, wo er gerade steht.

Good Sense beinhaltet das Wissen von vielen verschiedenen Menschen, die an diesem Kurs mitgearbeitet haben, und die praktische Erfahrung aus vielen bereits durchgeführten Seminaren.

Kurz gesagt: Es ist ein tolles Seminar, und ich bin dankbar, dass es diese Materialien gibt. Ein solches Seminar kann einer alleine gar nicht entwickeln, und es ist mir eine Ehre und eine Freude, Ihnen *Good Sense* vorzustellen und etwas näher zu bringen.

Berit Hein

Einführung

von Berit Hein

Streiflichter

Lassen Sie uns einmal einen Blick auf die derzeitige Situation in Deutschland werfen. Die folgende Liste soll kein vollständiger Lagebericht sein, sondern nur einige der Probleme aufzeigen, mit denen wir heute konfrontiert sind:

- Die Zahl der überschuldeten Haushalte in Deutschland steigt von Jahr zu Jahr.
- Immer mehr Jugendliche befinden sich bereits in der Schuldenfalle. War früher der Dispokredit auf dem Girokonto der Schuldentreiber, so sind es heute die Handykosten.
- Die Zahl der Arbeitslosen steigt ständig. Mit der Arbeitslosigkeit sind Einkommensverluste verbunden, und viele Haushalte, in denen es bisher finanzielle Engpässe gegeben hat, müssen nun feststellen, dass die Einnahmen nicht mehr ausreichen, um die Verpflichtungen zu erfüllen.
- Es herrscht ein Gefühl der Unsicherheit. Die zahllosen Nachrichten über Firmenkonkurse und Arbeitsplatzabbau, auch bei scheinbar stabilen Firmen, führt zu existenziellen Ängsten. (aktuelle Beispiele Opel und Karstadt/Quelle)
- Die Börse befindet sich auf einem niedrigen Niveau. Viele, die zur Boomzeit eingestiegen sind, haben schwere Verluste erlitten.

- Immer wieder gibt es Nachrichten über dubiose Anlagegeschäfte, zu denen so genannte »Berater« Menschen überredet haben. Vor kurzem geriet ein prominenter Moderator in die Schlagzeilen, der gemeinsam mit anderen einen Anlagebetrug in Höhe von ca. 20 Millionen Euro begangen haben soll.
- Eine 28-jährige junge Frau hat Selbstmord begangen, weil ihr durch Berater zum Kauf einer Eigentumswohnung als Geldanlage geraten wurde. Die überteuerte Eigentumswohnung stürzte sie in die Schuldenfalle und sie sah keinen anderen Ausweg mehr.
- Die Renten werden immer niedriger, aber die Beiträge dafür immer höher.
- Die Beiträge für die Krankenkassen sind bisher nicht niedriger geworden, aber die Leistung wird geringer.
- Die Angst vor dem Arbeitslosengeld II (ALG II) geht um.
- Die Staatsverschuldung nimmt immer weiter zu, trotzdem ist für viele Bereiche nicht genügend Geld vorhanden.

Am Gelde hängt ...

Beim Lesen dieser Streiflichter haben Sie vielleicht eine Ahnung davon bekommen, wie sehr das Thema »Finanzen« auch Ihr Leben bestimmt. Aber wahrscheinlich wussten Sie es schon.

Geld ist eines der wichtigsten Themen in unserem Leben. Immerhin arbeiten wir dafür – jeden Tag. Wir lernen in der Schule und in der Ausbildung, im Studium und im Beruf mit dem Ziel, in der Lage zu sein, Geld zu verdienen. In jedem Krimi, in Liebesfilmen oder auch in Fernseh-Shows geht es ums Geld. Die Banken und der nette Herr Kaiser aus dem Fernsehen wollen es anlegen, den Ertragswinkel steigern, und der Staat will es einziehen. Der Bäcker um die Ecke und mein Vermieter, alle wollen nur mein Geld. Wir machen uns unendlich viele Gedanken und führen zahlreiche Gespräche darüber, wie wir am besten damit umgehen. Öfter, als es uns lieb ist, machen wir uns Sorgen, es könnte nicht reichen. Wir träumen und planen, wie wir mehr bekommen können.

An Meinungsverschiedenheiten zu diesem Thema gehen Ehen auseinander. Unzählige Familien und Freundschaften zerbrechen, wenn es um das Thema »Erben« geht. Verlust hat schon so manchen in den Selbstmord getrieben. Geld ist das Motiv vieler Verbrechen. Der Mangel daran ist die Ursache für viele gesellschaftliche Albträume. Für einige ist es die Wurzel allen Übels, für andere einfach ein Mittel, um Gutes zu tun.

Wenn wir darüber nachdenken, welche Auswirkungen Geld auf unser Leben hat, dann verwundert es nicht, dass dieses Thema eine so große Bedeutung hat. Das zeigt sich auch in unserer Sprache – es gibt vermutlich nur wenige Worte, für die es mehr »Umschreibungen« gibt: Mammon, Knete, Mäuse, Mücken, Moneten, Kohle, Schotter, Kies, Penunzen, Moos, Steine ... Ihnen fallen bestimmt noch viel mehr Ausdrücke ein.

Geld ist eine mächtige Kraft.

Auch für das, was wir damit tun, gibt es eine Unmenge von Wörtern: verdienen, abstauben, abzocken, anlegen, verplempern, leihen, borgen, ergattern, ausgeben, verleihen, verschenken, spenden, verjuxen, verdaddeln, verlieren, investieren, gewinnen, verzocken, zurücklegen, horten, geizen, raffen ...

Geld hat viel Macht über uns. Es bestimmt so viel in unserem Leben und arbeitet auch an unserer Seele. Darum ist es wichtig, dass wir lernen, klug damit umzugehen. Entweder wir kontrollieren unser Geld oder es kontrolliert uns. Wenn wir es nicht tun, dann kontrolliert es:

- wo wir leben,
- wo wir arbeiten,
- wer unsere Freunde sind,
- wie wir unsere Zeit nutzen.

»Ich habe einen Traum ...«

... von finanzieller Freiheit. In diesem Traum haben wir so viel Geld, dass wir uns nicht darum sorgen müssen, woher wir das Geld zum Leben nehmen. Es können immer alle Rechnungen bezahlt werden. Das eine oder andere Extra ist drin. Aber es ist auch nicht so viel Geld, dass ich mir Gedanken über die Verwaltung des Vermögens machen müsste.

Mehr möchte ich hier nicht über meinen Traum schreiben, denn ich bin mir sicher, dass Sie einen ganz eigenen Traum von finanzieller Freiheit haben. Vielleicht geht es in Ihrem einfach um die Sehnsucht, mit dem Geld auszukommen, bis der nächste Lohn auf dem Konto eingeht. Darum, einfach nicht mehr länger darüber nachdenken zu müssen, warum am Ende des Geldes immer noch so viel Monat übrig ist.

Aber selbst wenn man Geld besitzt, erfüllen sich noch lange nicht alle Träume. Häufig sehnt man sich in diesem Fall nach mehr – das Geld soll »arbeiten«, soll gut verwaltet und so eingesetzt werden, dass man Steuern spart.

Es sind vermutlich die unterschiedlichsten Gründe, die Sie veranlasst haben, dieses Buch in die Hand zu nehmen. Vielleicht möchten Sie erreichen, dass die nächste Autoreparatur, der kaputte Kühlschrank oder die Klassenfahrt der Kinder Sie finanziell nicht aus der Bahn wirft. Vielleicht sind Ihnen Ihre Finanzen völlig entglitten. Vielleicht streiten Sie sich mit Ihrem Ehepartner ständig übers Geld. Vielleicht wollen Sie gerne für das Alter vorsorgen, wissen aber nicht, woher Sie das Geld nehmen sollen.

Es gibt viele Fragen, Träume, Wünsche und Sorgen rund ums Geld. Doch was wissen Sie darüber? Reden Sie darüber? Es gibt eine breit gefächerte Fachpresse – wie beispielsweise das Wirtschaftsmagazin »WISO« –, in der man etwas über Anlagen, Steuertipps, günstige Kredite erfährt. Darüber wissen wir eventuell Bescheid, wir sind halbwegs gut informiert und reden darüber. Aber über unsere ganz persönlichen Finanzen reden wir nicht. Das ist in unserer Gesellschaft ein Tabuthema. Und doch ist gerade dies das Thema, das uns wirklich interessiert: »Wie kann ich sinnvoll mit meinen privaten Finanzen umgehen?« Vieles, was wir wissen und hören, ist Halbwissen oder trifft den Kern des Problems nicht, weil wir nicht offen sind. Was nützt es, die tollsten Anlagetipps zu kennen, es aber nie zu schaffen, so zu wirtschaften, dass Geld übrig bleibt, das man investieren könnte? Wie wirtschaftet man sinnvoll? Der vernünftige Umgang mit Finanzen ist nicht angeboren, sondern muss erlernt werden. Natürlich gibt es auch Menschen, die ein besonderes Talent dafür haben, aber dennoch benötigt jedes Talent auch Wissen, um sich zu entfalten. Umso mehr, da Geld immer weniger greifbar ist, denn oft fließt es nur noch auf elektronischem Wege, und es werden immer weniger Scheine und Geldstücke benutzt. Beide sind zwar auch nur Symbole für einen bestimmten Wert, aber man kann sie wenigstens noch anfassen.

Keine Sorge, dieses Buch wurde nicht für Finanzgenies geschrieben, sondern für alle, die ihren Alltag bewältigen wollen und merken, dass sich in diesem Bereich etwas verändern muss.

Doch etwas haben wir noch vergessen: Was sagt eigentlich Gott zum Thema Finanzen? »Mit Gott rechnen« – rechnet Gott anders? Wie rechnet Gott? Und kann man auch in diesem Bereich mit ihm rechnen, sich auf seine Hilfe und Führung verlassen? Was gehen Gott überhaupt unsere Finanzen an? Ist Geld nicht unheilig, dreckig und schlecht? Das sind einige der Gedanken, die vielen von Ihnen jetzt vermutlich durch den Kopf gehen – bewusst oder unbewusst.

In diesem Buch werden Sie einige von Gottes Aussagen zum Thema »Finanzen« kennen lernen. Sie dürfen gespannt sein!

Sie finden weiterhin die Grundgedanken des *Good Sense*-Materials, das die *Willow Creek*-Gemeinde zum biblischen Umgang mit den persönlichen Finanzen entwickelt hat (in Deutschland trägt es den Namen »Mit Gott rechnen«).

Sie werden im Verlauf dieses Buches darüber hinaus eine Menge weiterer Entdeckungen machen:

- Sie lernen, Ihre eigene Situation einzuschätzen.
- Sie erhalten die grundsätzlichen Basics zum Thema »private Finanzen«.
- Sie bekommen konkrete Werkzeuge an die Hand, um die ersten Schritte zu einem veränderten Umgang mit den privaten Finanzen zu gehen.

Betroffen? Neugierig? Gespannt? Herzlich willkommen in diesem Buch!

Doch lassen Sie uns zuallererst beten:

Gott, bitte segne mich und begleite mich auf der Reise zu einem besseren Umgang mit meinen privaten Finanzen. Öffne mein Herz, und zeige mir, wo ich Veränderung benötige. Amen.

Nun möchten wir Ihnen etwas Raum geben, damit Sie Ihren eigenen Traum aufschreiben können. Tun Sie dies bitte, bevor Sie weiterlesen.

Mein ganz persönlicher Traum von finanzieller Freiheit:

Kapitel 1

Eine neue Sicht von Geld

von Reinhard Rubow

Wie wir bereits in der Einführung zu diesem Buch gesehen haben, ist Geld wohl das wichtigste Thema in unserem Leben, und eines ist klar: Wir können es uns nicht leisten, die Bedeutung von Geld zu ignorieren.

In der *Willow Creek Community Church* in Barrington/Illinois bemüht man sich darum, alle Themen zu behandeln, mit denen Menschen konfrontiert werden – von Ernährung bis zur Sexualität, von der Charakterveränderung bis zum Aufbau guter Beziehungen, vom Entdecken und Anbeten Gottes bis zur Vorbereitung auf Tod und Ewigkeit. Und man beschäftigt sich dort ebenfalls regelmäßig und direkt mit dem Thema »persönliche Finanzen«, weil Christen damit jeden Tag zu tun haben und nicht immer gut damit zurechtkommen.

Man kann in Kirchen und Gemeinden inzwischen besser über Sex und Politik reden als über Geld.

Nun denkt man sich vielleicht: *Das geht in den USA, wo die Menschen offener über ihr Einkommen und ihre Finanzen reden.* Tatsächlich scheint das Thema in Deutschland noch mehr tabuisiert zu sein. Man kann in Kirchen und Gemeinden inzwischen besser über Sex und Politik reden als über Geld. Über Geld redet man nicht – man hat es oder man hat es eben nicht.

Oder man trifft auf betonharte Festlegungen, die sich in einem erbitterten Streit über die Höhe des »Zehnten« äußern: Muss man 10 % vom Bruttogehalt oder 10 % von dem, was übrig ist, abführen? Und wohin? Müssen da Spenden für karitative Organisationen und ähnliches eingerechnet werden oder nicht?

Dabei macht Geld selbst gar nichts. Es beeinflusst nicht. Es macht nicht glücklich oder unglücklich. Das Geld fängt nichts mit uns an. Sondern wir fangen etwas mit ihm an! Wir verdienen es. Wir setzen Zeit und Energie dafür ein. Wir werfen es raus. Wir gehen klug damit um. Oder leichtsinnig.

Wir haben es in der Hand – die Frage ist nur: Wer oder was leitet unseren Umgang mit Geld?

Die Bibel versorgt uns mit ausreichend Informationen zu diesem Thema. Mehr als 2.000 Verse bzw. Abschnitte in der Bibel beschäftigen sich mit dem Thema »Geld«. Jesus hat oft darüber gesprochen. Zwei Drittel der Gleichnisse Jesu beziehen sich auf unseren Umgang mit Geld. Einmal warnte er: »Wo euer Schatz ist, da ist auch euer Herz.« Jesus hat so oft darüber gesprochen, weil er wusste, was auf dem Spiel stand. Er wusste, dass dieser Bereich, würden wir damit allein gelassen, sehr schnell nur Schmerz und Frustration schaffen würde – und manchmal auch eine ungute Bindung. Und er sah auch, wie groß die Gefahr ist, dass unser Herz sich von Gott ab- und sich der Sorge über und der Besessenheit von Besitz zuwendet. Er wollte uns vor diesen Gefahren beschützen und uns zeigen, welche Freiheit darin liegt, wenn wir ihm in jedem Bereich unseres Lebens konsequent nachfolgen, auch im Bereich des Geldes.

In der *Willow Creek*-Gemeinde ist der Umgang mit Geld so etwas wie eine geistliche Übung, eine geistliche Disziplin. Dieser Bereich gehört genauso zu den Grundprinzipien geistlichen Lebens wie geistliches Wachstum, gabenorientierte Mitarbeit, Förderung in Kleingruppen usw. Der richtige Umgang mit Geld und die Freiheit von den gesellschaftlichen Festlegungen ist Ausdruck reifen christlichen Verhaltens.

Man hat einen Arbeitszweig entwickelt, der auf der Grundlage der biblischen Aussagen den Umgang mit Geld erklärt, anleitet und – wenn gewünscht – auch trainiert. Im so genannten *Good Sense*-Budgetkurs werden folgende Inhalte vermittelt:

- Was sagt die Gesellschaft zum Umgang mit Geld? Im Kurs wird dies als »gesellschaftlicher Zwang« bezeichnet.
- Was sagt die Bibel zum Umgang mit Geld? Der Kurs nennt dies »die Sicht Gottes«. Die Gegensätze zwischen der Sicht Gottes und dem durch die Gesellschaft ausgeübten Zwang werden aufgezeigt.
- praktische Werkzeuge, Einsichten und Informationen, durch die Menschen biblische Finanzprinzipien auf ihr Leben anwenden können, und
- die Motivation und Ermutigung, dies auch zu tun.

Die Kurse werden regelmäßig im Frühjahr durchgeführt. Am Beginn eines Jahres stellt man Pläne auf, macht sich Gedanken über Ziele, die man erreichen will. Oder man macht Kassensturz oder die Steuererklärung und stellt fest, dass das abgelaufene Jahr anders gelaufen ist als gewünscht.

Außerdem helfen ausgebildete Berater ganz praktisch beim Aufstellen eines Haushaltsplans oder beim Feststellen von Bereichen, in denen Änderungen nötig sind. Immer wieder wurde festgestellt, dass sowohl reiche und vermögende Menschen als auch jene mit Schulden und andauernder Finanzknappheit lernen müssen, dass es bestimmte grundlegende Prinzipien gibt.

Das wichtigste Prinzip ist die Kultivierung der Einstellung eines Haushalters. Die moderne Entsprechung des Begriffs »Haushalter« ist »Treuhänder«. Eine kleine Geschichte verdeutlicht, worum es geht:

Ein Perlenhändler hat die Möglichkeit, die schönste und reinste Perle zu erwerben, die er je gesehen hat. Der Verkäufer verlangt allerdings, dass er alles dafür einsetzt, was er besitzt. Er geht zu seiner Bank und hebt alle seine Ersparnisse ab, verkauft seine Immobilien, seine Wertpapiere und seine Altersvorsorge. Er gibt sein gesamtes Vermögen. Dem Verkäufer reicht dies jedoch nicht aus. Er beobachtet, dass der Kunde auch ein Auto fährt. Auch dieses muss er einsetzen. Als der Kunde gerade den Schlüssel vom Schlüsselbund lösen will, wird deutlich, dass er auch noch ein Wochenendhäuschen sein Eigen nennt. Auch dieses muss er dem Verkäufer übereignen. Schließlich ist der Handel perfekt. Er bekommt die Perle.

Doch gerade, als er den Laden verlassen will, ruft ihn der Verkäufer zurück. Der Kunde erschrickt. Doch der Schreck ist nicht begründet. Der Verkäufer möchte ihm sein Geld, sein Haus, sein Auto, alles wieder zurückgeben. Er sagt zu ihm: »Nutzen Sie dieses Vermögen, aber erinnern Sie sich immer daran, dass es mir gehört. Es gehört nicht Ihnen, sondern mir. Und von Zeit zu Zeit kann es passieren, dass ich mal Ihr Auto brauche, um es jemandem auszuleihen, der keinen Wagen besitzt oder dessen Wagen kaputt ist. Und es kann auch sein, dass ich Ihr Haus für jemanden benötige, der ein Dach über dem Kopf braucht. Ich setze mich dann immer mal wieder mit Ihnen in Verbindung … Stellen Sie einfach sicher, dass Sie meine Anweisung erhalten und ihr folgen.«

Alles kommt von Gott, und im Grunde sind wir nur Verwalter von dem, was wir haben. Gott hat uns lediglich Ressour-

Wir reden nicht von deinem und meinem Geld sondern von Gottes Geld!

cen anvertraut, die letztendlich aber *ihm* gehören. Daraus ergibt sich, dass wir diese Ressourcen so nutzen sollen, dass Gott geehrt wird und er Freude daran hat.

Die weiteren Finanzprinzipien beinhalten die fünf Finanzbereiche des Lebens: Verdienen, Spenden, Sparen, Schulden und Ausgeben. Diese Bereiche stehen für die Art und Weise, wie wir normalerweise an Geld kommen (Verdienen), und die vier Dinge, die wir damit machen können: Wir können es weggeben, es sparen, Schulden abbezahlen oder es ausgeben. Wir sollen sorgfältig verdienen, großzügig spenden, weise sparen, vorsichtig Schulden machen und klug ausgeben.

Verdienen

Im Garten Eden nahm Gott Adam und Eva in die noch andauernde Schöpfungsarbeit mit hinein; dies gab dem Werk die Würde. Arbeit ist kein Fluch, sondern ein Segen. Maßgeblich sollte dabei sein, dass wir die Dinge, die wir tun, so tun, als würden wir sie – nach Kolosser 3, Vers 23 – »für den Herrn« tun und nicht für Menschen. Geld verdienen sollte kein Selbstzweck sein, sondern der Familie dienen. Und schließlich kommt es darauf an, dass – auch und gerade bei beruflichen Schwierigkeiten – eine Einstellung der Dankbarkeit gegenüber Gott grundlegend bleibt.

Spenden

Der Mensch wurde nach dem Bild eines liebenden und großzügigen Gottes geschaffen. Deswegen sollte das liebende und großzügige Geben eine unserer Eigenschaften sein. Geben, Spenden, hat viele Auswirkungen, z. B. zerschneiden wir dadurch auch die Fesseln, die Geld um uns legen kann. Es ist eine Reaktion auf die Güte Gottes. Es gibt nur gute und vollkommene Gaben. Man kann sich auf ihn verlassen – auf den Schöpfer, der alles gemacht hat.

Sparen

Sparen bedeutet, dass man weniger Geld ausgibt, als man einnimmt. Es ist klug, für unvorhergesehene Situationen zu sparen. Wenn dieses Verhalten allerdings in Raffgier endet, kann es über das Ziel hinausgehen. Sparen bezeichnet nicht das Geld, das »übrig« bleibt, sondern ist das Ergebnis einer geplanten, regelmäßigen Aktivität.

Schulden

Schulden machen beinhaltet immer auch die Verpflichtung, sie zurückzuzahlen. Aus diesem Grund sind sie unbedingt zu vermeiden. Schulden bedeuten Abhängigkeit. Die Bibel verwendet das Bild des Sklaven, um einen Menschen zu beschreiben, der Schulden hat.

Ausgeben

Das Ausmaß, in dem wir Geld ausgeben, wird von den Konsumangeboten beeinflusst. Vergleichen, Neid und Lebensstandard sind genauso maßgeblich wie suchthaftes und gieriges, undiszipliniertes Geldausgeben. Zerstörte Illusionen oder Unzufriedenheit mit kleinen oder großen Anschaffungen erzeugen immer neue Wünsche und letztlich Schulden.

Kapitel 2

Im Herzen die Motivation

von Berit Hein

Meine Einstellung – mein Herz

Der erste Schritt zur Veränderung findet in unserem Herzen statt. Wenn sich unsere Einstellung ändert, dann sind wir auch bereit, Wissen aufzunehmen und Hilfsmittel bzw. Werkzeuge anzuwenden.

Fast jeder von uns hat schon einmal von einem Arzt bestimmte Verhaltensregeln erhalten, die einer Krankheit oder einer Beeinträchtigung entgegenwirken sollten. Wie lange haben wir uns an diese Regeln gehalten? Wahrscheinlich nur so lange, bis es uns ein wenig besser ging, und dann sind wir wieder in die alten Verhaltensmuster zurückgefallen. Es sei denn, wir selbst haben unsere Einstellung verändert. Wir haben vielleicht plötzlich bemerkt, dass uns Bewegung gut tut. Wir haben eine Sportart gefunden, die uns zusagt, die wir lieben und durchführen *wollen.* Und deshalb bleiben wir dran. Widerstände werden besser überwunden und Rückschläge besser verkraftet, wenn man wirklich hinter etwas steht, weil man von einer Sache überzeugt ist.

Dabei wird die Einstellung von verschiedenen Aspekten beeinflusst. Diese Einflussfaktoren sind z. B. Temperament, Lebenserfahrung, Erziehung. Häufig ist die Bedeutung des Geldes und die Art und Weise, wie es uns motiviert, ziemlich subtil, oder etwas, dessen wir uns nicht recht bewusst sind. Geld hat für unterschiedliche Menschen ganz unterschiedliche Bedeutungen.

Im Teilnehmerhandbuch des Materials von »Mit Gott rechnen« finden Sie deshalb einen Geld-Motivations-Test. Dieser vermittelt Ihnen einen Eindruck davon, wie stark die vier Aspekte, die unseren Umgang mit Geld bestimmen, bei Ihnen ausgeprägt sein können. Diese sind:

- Freiheit,
- Sicherheit,
- Macht,
- Liebe.

Keiner dieser Motivatoren ist für sich selbst gesehen »gut« oder »schlecht« – auch wenn jeder in Bezug auf Geld auch seine negative Seite hat. Die menschliche Erfahrung zeigt, dass Geld – obwohl es etwas anderes verspricht – eben nicht dauerhaft Freiheit, Sicherheit, Macht und Liebe ermöglicht. Einer der Schlüssel zum vernünftigen Umgang mit Geld besteht darin, zu verstehen, welche Beziehung wir zu ihm haben. Ein Blick auf die Einflüsse, die Ihren Umgang mit Geld geprägt haben, wird Ihnen darüber Aufschluss geben.

Der Umgang mit dem Geld spiegelt innere Einstellungen und Werte wider.

Neben diesen ganz persönlichen Einstellungen spielen aber auch die Leitsätze, mit denen unsere Gesellschaft uns beeinflusst, eine erhebliche Rolle. Haben Sie sich einmal darüber Gedanken gemacht, mit welchen Botschaften uns die Medien Tag für Tag füttern, wenn es um das Thema »Geld« geht? Welche Sichtweisen werden uns vermittelt? Was läuft oft unbewusst in uns ab?

Der gesellschaftliche Zwang

»Dinge machen uns glücklich«

Kommt Ihnen diese Einstellung bekannt vor? Wir glauben den Botschaften, die man uns nicht nur im Werbefernsehen vermittelt: »Kauf dies und jenes und du bist glücklich.« Ohne den Rauch einer bestimmten Zigarette sind wir nicht frei. Wenn wir keinen Vertrag bei einer bestimmten Versicherung abgeschlossen haben, müssen wir Schuldgefühle haben. Wenn wir eine bestimmte Schokoladensorte essen, dann sind wir etwas Besonderes. Wir machen unser Glück von dem Besitz bestimmter Dinge abhängig: »Wenn ich erst einmal das neue Auto, das Eigenheim, die neue Jacke, den Ring, den Gameboy, den neuen Computer und, und, und ... habe, dann bin ich glücklich.« Manchmal bekommen wir auch tatsächlich das, was wir uns wünschen, die Dinge, die wir so unbedingt haben wollten. Es stellt sich dann auch oft ein Glücksgefühl ein. Doch es erlischt wieder ziemlich schnell und wir wünschen uns etwas Neues. Wir stellen fest, dass wir mit dem neuen Auto genauso im Stau stehen wie mit dem alten. Im neuen Eigenheim, in der neuen Wohnung herrscht – entgegen den Bildern in der Werbung – auch nicht plötzlich nur Friede, Freude, Eierkuchen. Die alten Konflikte sind mit umgezogen. Auch die derzeit immer beliebter werdende Schönheits-OP verändert einen Menschen nicht wirklich und macht auch nicht glücklicher.

Der PC, die Stereoanlage und der Gameboy sind nach ein paar Monaten oder sogar Wochen wieder technisch veraltet. Und bei vielen Dingen, die wir besitzen, müssen wir viel Zeit für die Unterhaltung und Pflege aufwenden. Sie nehmen uns Platz und Zeit, sie nehmen uns in Besitz, anstatt uns zu dienen.

Charles Kettering, der für die Entwicklung bei *General Motors* verantwortlich ist, sagt bezeichnenderweise: »Der Auftrag der Unternehmen ist die Erzeugung von unzufriedenen Konsumenten.« Dieses Zitat beschreibt sehr treffend, was oft geschieht: Wir sind Botschaften ausgesetzt, die Bedürfnisse in uns wecken, die wir eigentlich gar nicht haben, damit die neuen Produkte abgesetzt werden können.

Wir kaufen Dinge, die wir gar nicht brauchen ...

Haben Sie auch schon einmal erlebt, dass Sie mit dem, was Sie haben, eigentlich ganz zufrieden waren, und dann sahen Sie sich einen Katalog oder einen Werbetrailer an und hatten plötzlich den brennenden Wunsch, eine bestimmte Sache zu besitzen? Es gab wieder etwas Neues, ohne das Sie nicht glücklich werden würden?

»Schulden sind selbstverständlich und unvermeidlich«

Unsere Großeltern haben meist erst gespart, bevor sie größere Anschaffungen tätigten. Aber unsere Gesellschaft bombardiert uns mit der Botschaft, dass ein solches Verhalten gar nicht mehr zeitgemäß ist und wir altmodisch sind, wenn wir trotzdem so handeln.

Erst sparen, dann kaufen? Nein, *heute* wird gelebt. Da gibt es doch günstige Ratenkredite mit Miniraten, die gar nicht weh tun. Die Null-Prozent-Finanzierung fürs Auto hört sich doch auch toll an. Und der Dispo ist auch noch da, ebenso wie die Kreditkarte und all die anderen verlockenden Kreditangebote. Außerdem nennt man die ganze Sache nicht mehr »Schulden«, sondern »Verbindlichkeiten«. Und was der Staat kann, das können wir schon lange. Warum also warten, wenn wir uns all die guten Dinge, ohne die wir ja nicht glücklich sind, sofort kaufen können? Schulden sind eben selbstverständlich. Jeder hat sie und jeder arbeitet mit Krediten. Warum also nicht auch wir?

Seltsam nur, dass immer mehr Haushalte ihre Schulden nicht mehr in den Griff bekommen und völlig überschuldet sind. Früher war dies nur eine Randerscheinung, und der Gedanke, selbst einmal dazuzugehören, war uns fremd. Das waren nur Ausnahmeerscheinungen, Menschen, die eben Pech hatten. Selbst Schuld eben. Doch nun trifft es immer öfter auch ganz »normale« Haushalte. Plötzlich geht bei den Nachbarn, von denen wir das nie gedacht hätten, der Gerichtsvollzieher ein und aus, und ein anderes Haus in der Nachbarschaft wird zwangsversteigert. Und dann die Angst vor der Arbeitslosigkeit. Nicht nur, dass wir uns dann um einen neuen Arbeitsplatz bemühen müssten, auch unser bis auf den letzten Euro verplantes Einkommen steht uns dann nicht mehr zur Verfügung. Alle Kredite holen uns auf einmal ein. Unser sorgsam aufgebautes Kartenhaus aus vielen kleinen und großen Krediten stürzt in sich zusammen. Angst und Sorgen machen sich breit, und wir merken, wie sehr wir unseren Kreditgebern ausgeliefert sind.

Wir kaufen Dinge, die wir gar nicht brauchen, mit dem Geld, das wir gar nicht haben ...

»Nur ein kleines bisschen mehr Geld würde alle meine Probleme lösen«

Es ist immer zu wenig da. Das Geld ist knapp und reicht nie aus. In Gesprächen hört man ganz oft den Satz: »Ja, ich würde ja gerne ..., wenn ich nur mehr Geld hätte.«

Gute Vorhaben, gute Ziele werden auf die lange Bank geschoben:

»Ich würde gerne spenden, helfen, wenn ich nur mehr Geld hätte.«

»Wenn ich mehr Geld hätte, würde ich mehr fürs Alter zurücklegen.«

»Wenn ich mehr Geld pro Stunde verdienen würde, dann würde ich versuchen, weniger zu arbeiten und mehr für Familie und Freunde da zu sein.«

»Wenn ich mehr Geld hätte, dann würde ich nicht das Finanzamt, die Versicherung ... betrügen.«

Aber wenn wir ehrlich sind, haben die meisten von uns im Laufe der Jahre mehr Geld zur Verfügung, aber die »Ich-würde-ja-Gernes« sind trotzdem nicht wahr geworden. Das Geld zerrinnt uns zwischen den Fingern.

Wir kaufen Dinge, die wir gar nicht brauchen, mit Geld, das wir nicht haben, um Menschen zu beeindrucken, die wir nicht mögen.

Liegt das vielleicht daran, dass uns diese guten Vorsätze vielleicht gar nicht wirklich am Herzen liegen? Spiegelt die Verwendung des Geldes nicht auch unsere eigene Einstellungen und unsere Prioritäten wider? Wie viel Geld verwenden wir beispielsweise darauf, um bei Freunden, Bekannten, Nachbarn, Fremden und vielleicht auch in der Familie einen guten Eindruck zu machen?

Könnte es nicht sein, dass wir unser Verhalten selbst dann nicht ändern würden, wenn wir mehr Geld zur Verfügung hätten? Müssen wir nicht einmal zuerst unsere Einstellung ändern? Löst mehr Geld also unsere Probleme nicht?

Wer besitzt wen?

Geld an sich ist weder gut noch schlecht. Es wurde eingeführt, um uns zu dienen und unser Leben zu vereinfachen. Kein Mensch ist in der Lage, sich mit all dem, was er braucht, selbst zu versorgen. Aus diesem Grund entstanden Arbeitsteilung und Tauschhandel. So hat man beispielsweise am Anfang die Waren direkt getauscht: »Tausche Schaf gegen Axt.« Doch nicht immer findet sich der passende Geschäftspartner.

Statt mühsam die eine Ware gegen die andere zu tauschen und immer den passenden Geschäftspartner finden zu müssen, eröffnet uns das Geld die Möglichkeit einer viel größeren Auswahl und Flexibilität.

Das Geld soll uns dienen und unser Leben einfacher und schöner machen. Doch ist das wirklich der Fall? Dient das Geld uns oder dienen wir ihm?

Ein Gespräch am Abend

Hans und Käte, ein Ehepaar in den mittleren Jahren mit zwei Kindern.

Hans: Schau mal, was heute wieder alles im Briefkasten war, nur Rechnungen.

Käte: Die haben uns gerade noch gefehlt. In diesem Monat werden doch auch noch ein paar Versicherungen fällig. Und Tobias hat mich daran erinnert, dass das Geld für die Klassenfahrt überwiesen werden muss.

Hans: Woher sollen wir nur das ganze Geld nehmen? Irgendwie versteh ich das nicht. Immer ist zu wenig Geld da. Dabei verdiene ich doch gar nicht so schlecht. Wie machen das denn die anderen, die weniger Geld verdienen? Noch mehr Überstunden sind einfach nicht drin. Ich hab sowieso das Gefühl, dass ich immer nur arbeite und nie lebe.

Käte: Meinst du, mir geht es mit Job, Kindern und Haushalt anders? Ich komm auch kaum noch dazu, mich mal auszuruhen. Aber wir brauchen das Geld. Die Raten für das Haus und dein neues Auto bezahlen sich doch nicht von selbst.

Hans: Du hast ja Recht – aber manchmal denk ich, dass man auch anders leben können müsste. Aber das ist wohl nur ein Traum. Anderen geht es schließlich genauso wie uns. So ist es eben. Da kann man nichts ändern.

Käte: Ja, anders leben wäre toll. Wie haben wir das eigentlich früher gemacht? Da hatten wir doch viel weniger Geld – aber wir waren so glücklich.

Hans: Na, da hast du dir noch nicht so teure Klamotten und so viele Schuhe gekauft.

Käte: Sei du mal ganz ruhig! Was du für dein Lieblingsspielzeug, den Computer, ausgibst, ist auch nicht ohne. Und dann das neue Auto. Der superschnelle Flitzer. Unsere Ente hat es doch früher auch getan. Musste es denn so ein teures Auto sein?

Hans: Du hast gut reden. Willst du denn am Wochenende mit so einer Studentenkutsche beim Restaurant vorfahren? Und der Ausflug nach München wäre damit auch nicht so schnell möglich gewesen. Nee, nee, das Auto musste sein. Außerdem, was sollen die Kollegen von mir denken, wenn ich als leitender Angestellter mit irgendeinem Kleinwagen auf dem Firmenparkplatz auftauche? Und wer wollte denn unbedingt eine neue Wohnzimmereinrichtung?

Käte: Na, hör mal, im neuen Haus auf den alten Möbeln sitzen?! Das passt doch nicht. Was hätten denn die Leute gedacht, wenn die uns im neuen Haus besuchen und wir die alten Möbel hier reingestellt hätten? Die hätten bestimmt gedacht, dass uns nach dem Bau das Geld ausgegangen ist.

Hans: Da hast du auch wieder Recht. Und meine Arbeitskollegen waren ja auch ziemlich begeistert, als wir sie in unser Haus eingeladen haben. Sie haben mir alle gesagt, dass es ein tolles Haus ist. Aber trotzdem – manchmal denke ich, dass wir irgendetwas falsch machen. Wir müssten doch viel glücklicher sein mit all dem, was wir haben.

Die Gespräche von Hans und Käte gehen in letzter Zeit immer öfter in einen handfesten Ehekrach über. Deshalb wollen wir uns an dieser Stelle lieber aus dem Gespräch ausklinken. Haben Hans und Käte Recht, wenn sie sagen, dass sie an ihrer Situation nichts ändern können? Wie wäre es denn, wenn sie diese finanziellen Probleme nicht hätten? Wie könnte anders leben ganz praktisch aussehen?

Was würden Sie Hans und Käte raten?
Hier ist Platz für Ihre Tipps:

Mit Gott rechnen

Ein Buch oder Arbeitsmaterialien über den biblischen Umgang mit Finanzen wären ohne dieses Kapitel nicht komplett. Was fällt Ihnen spontan ein, wenn Sie vom »biblischen Umgang mit Finanzen« hören oder lesen? Haben Sie eventuell folgende oder ähnliche Gedanken:

- »Na ja, die Gemeinde will auch nur mein Bestes – mein Geld!«
- »Ich weiß ja, dass ich besser mit meinem Geld umgehen sollte und auch einen Haushaltsplan aufstellen müsste. Aber wieso hat das was mit Gott zu tun?«
- »Der einzige Unterschied zwischen dem ›weltlichen‹ Umgang mit Finanzen und dem biblischen besteht darin, dass ich dazu aufgefordert werde, ordentlich Geld an die Gemeinde zu spenden. Wenn ich das ernst nehme, dann sind 10 % meines Einkommens weg.«
- Hier ist Platz für eigene Gedanken:

Die Bibel schildert uns die Menschen in all ihren Facetten. Nichts Menschliches wird ausgespart. Es werden nicht nur positive Beispiele dargestellt, sondern auch die negativen Seiten werden beleuchtet. Von Ehebruch, Mord, Totschlag, Betrug, Geiz, Habgier, Verrat und vielem mehr ist in der Bibel zu lesen. Dort wird uns ein realistisches Bild des Menschen gezeichnet. Gott offenbart durch sein Wort eine ganz andere Sicht der Finanzen als die, mit der uns die Gesellschaft füttert.

Wir finden dort drei wesentliche Grundsätze, die die Grundlage für alle weiteren Aussagen bilden:

- Gott hat alles geschaffen.
- Alles gehört Gott.
- Wir sind Treuhänder, Verwalter.

Vielleicht sind Ihnen diese Gedanken zunächst einmal fremd und ungewohnt. Doch Gott kennt unser Herz und weiß, wie es dort aussieht. Jede finanzielle Entscheidung betrifft nicht nur das Geld, sondern auch das Herz; sie hat geistliche und seelische Konsequenzen. Aus diesem Grund ist auch ein guter Umgang mit den anvertrauten Finanzen so wichtig. Es geht dabei nämlich nicht nur um Geld, sondern um die ganze Person. Jeder Mensch läuft immer wieder Gefahr, Geld zum Ersatzgott, zum Götzen zu machen.

Ohne dieses Kapitel wäre dieses Buch einfach nur ein weiterer Haushalts-Kurs, der Sie noch zusätzlich dazu auffordert, 10 % an Ihre Gemeinde zu spenden. Das würde Ihnen und Ihrer Gemeinde zwar auch schon helfen, weil Sie dadurch lernten, besser und sinnvoller mit Ihren Finanzen umzugehen, und der Gemeinde mehr Mittel zur Verfügung gestellt würden. Und natürlich ist es auch grundsätzlich gut, die eigene Einstellung zum Geld zu verändern und mehr zu geben. Das Wissen, das in diesem Kurs vermittelt wird, kann Ihnen z. B. helfen, aus der Schuldenfalle herauszukommen, weniger mit Ihrem Ehepartner zu streiten, besser für das Alter vorzusorgen, weniger gehetzt zu sein, zufriedener zu sein ...

Aber das ist nur ein Teil der Wahrheit, eine eingeschränkte Sicht.

»Mit Gott rechnen« bedeutet nicht nur, dass ein Haushaltsplan aufgestellt wird. Es bedeutet nicht nur, dass nach Gottes Richtlinien ein Budget erstellt wird. Es bedeutet, dass Sie wirklich mit Gott rechnen können – auch im übertragenen Sinne. Sie können sich auf ihn verlassen, mit ihm rechnen, wie man auch mit der Hilfe von wirklich guten Freunden rechnet. Wenn Sie anfangen, Ihre Finanzen unter Gottes Leitung zu stellen, dann ist es nicht nur so, dass Sie handeln, sondern auch Gott handelt.

»Niemand kann zwei Herren zugleich dienen. Er wird den einen vernachlässigen und den anderen bevorzugen. Er wird dem einen treu sein und den anderen hintergehen. Ihr könnt nicht beiden zugleich dienen: Gott und dem Geld« (Matthäus 6,24).

Der Umgang und die Einstellung zu unseren Finanzen enthält eine zutiefst geistliche Dimension. Es gibt eine Wechselbeziehung zwischen der Einstellung zum Geld und zu Dingen und der Beziehung zu Gott. Nur einer von beiden kann in unserem Herzen den ersten Platz einnehmen. Also befindet sich jeder Mensch in einem Dilemma.

Geld kann in unserem Leben zu einem Götzen, also einem Rivalen für Gott werden. Wir können uns nur entscheiden, *wem* wir dienen. Einer von beiden wird über uns herrschen. Es gibt kein »Unentschieden«, kein Dazwischen, keinen neutralen Standpunkt. Wir entscheiden nicht, *ob* einer von beiden über uns herrscht, sondern nur *wer*.

Die Bibelstelle aus dem Matthäus-Evangelium besagt jedoch nicht, dass Geld an sich schlecht ist. Es geht um die Rolle, die es in unserem Leben spielt. Der Gott ehrende, also der biblische Umgang mit dem Geld, hat nicht nur die positiven Auswirkungen, von denen wir schon gesprochen haben, sondern er führt auch in Ihrem geistlichen Leben zu Veränderung.

Ein biblischer (Gott ehrender) Umgang mit Finanzen bewirkt:

- *Geistliches Wachstum.* Sie wachsen in Ihrer Beziehung zu Gott. Sie werden tiefer und fester in ihm gegründet sein und mehr von ihm entdecken. Gott kann und wird Ihnen mehr anvertrauen.

  »Wenn ihr also in dem Umgang mit dem leidigen Geld nicht zuverlässig seid, wird euch niemand das wirklich Wertvolle anvertrauen« (Lukas 16,11).
- *Freisetzung.* Die Unterordnung des Lebensbereiches Finanzen unter die Herrschaft Gottes bewirkt, dass die Macht des Mammon über Ihr Leben gebrochen wird. Sie sind nicht durch Geld und Besitz korrumpierbar.

  »Kein Diener kann zwei Herren zugleich dienen. Er wird den einen vernachlässigen und den anderen bevorzugen. Er wird dem einen treu sein und den anderen hintergehen. Ihr könnt nicht beiden zugleich dienen: Gott und dem Geld« (Lukas 16,13).
- *Segen.* Gott sagt in seinem Wort, dass er uns segnen will.
- *Versorgung.*
- *Schutz.*
- *Vermehrung.* Gott kann jemandem, der ein guter Treuhänder der Dinge ist, die er ihm anvertraut hat, mehr anvertrauen.

  »Wer in kleinen Dingen zuverlässig ist, wird es auch in großen sein, und wer in kleinen unzuverlässig ist, ist es auch in großen. Wenn ihr also im Umgang mit dem lei-

> digen Geld nicht zuverlässig seid, wird euch niemand das wirklich Wertvolle anvertrauen. Wenn ihr mit dem nicht umgehen könnt, was euch gar nicht gehört, wie soll Gott euch dann schenken, was er euch als Eigentum zugedacht hat« (Lukas 16,10–12).

Sie mögen jetzt vielleicht denken: »Wieso sollte das so sein?« Erstens, weil viele Menschen es ausprobiert und erlebt haben. Zweitens verspricht uns Gott in der Bibel:

> »›... Bringt den zehnten Teil eurer Erträge unverkürzt in meinen Tempel, damit meine Priester nicht Hunger leiden. Habt keine Sorge, dass ihr dann selbst in Not kommt! Stellt mich auf die Probe‹, sagt der Herr, der Herrscher der Welt, ›macht den Versuch, ob ich dann nicht die Fenster des Himmels öffne und euch mit Segen überschütte! Ich werde auch die Schädlinge von euren Feldern und Weinbergen fern halten, damit sie euch die Ernte nicht verderben‹« (Maleachi 3,10–11).

Das ist die einzige Stelle in der Bibel, an der Gott uns explizit auffordert, ihn zu prüfen. Es ist ein Versprechen, an das er sich bindet. Und so möchte ich auch Sie einladen, es einfach auszuprobieren. Nehmen Sie Gott beim Wort, und fangen Sie an, Ihren Umgang mit Finanzen zu verändern. Setzen Sie einen Zeitraum fest, z. B. ein Jahr, und probieren Sie es aus. Die Auswirkungen eines veränderten Umgangs mit den Finanzen an sich sind schon positiv. Und doch gibt es vieles, das noch darüber hinaus geht.

Lassen Sie sich von dem überraschen, was geschehen wird. Erleben Sie: »Mit Gott kann ich rechnen!«

Das Gleichnis von den anvertrauten Talenten, das im Matthäus-Evangelium, Kapitel 25, Verse 14 bis 30 erzählt wird, zeigt, dass Gott uns für unseren Umgang mit dem, was er uns anvertraut hat, zur Verantwortung zieht. Und dabei geht es nicht nur um Geld, sondern auch um Gaben, Zeit und anderes. Wir können mit all den Dingen, die Gott uns anvertraut hat, verantwortungsvoll oder töricht umgehen. Wäre es nicht toll, wenn Gott uns irgendwann für unseren verantwortungsvollen Umgang loben würde? Wenn wir so gut mit dem umgehen würden, was uns anvertraut wurde, dass wir mehr erhalten?

Wem wollen Sie die Herrschaft über Ihr Leben geben?

Aber wie geht man weise und verantwortungsvoll mit den anvertrauten Finanzen um? Wie kann das konkret aussehen?

Indem wir jeden Cent, den wir übrig haben, spenden?

In Armut leben?

Niemals Kredite aufnehmen?

Sparen, was nur irgend möglich ist?

Knausern und geizen?

Nicht in einem »normalen« Beruf arbeiten, sondern »aus dem Glauben leben« (aus dem, was andere uns zukommen lassen)?

Im nächsten Abschnitt von »Mit Gott rechnen« erfahren Sie etwas über die fünf Finanzbereiche des Lebens und ihre jeweiligen Grundsätze.

Die fünf Finanzbereiche und ihre biblischen Leitsätze

In dem Kurs »Mit Gott rechnen« wird das, was man mit dem Geld tun kann, in fünf zentralen Finanzbereichen zusammengefasst.

Als Erstes muss man es *bekommen*. Dies wird im Finanzbereich *Verdienen* behandelt.

Haben wir das Geld bekommen, so können wir es *verwenden.* Wir können es: spenden, sparen, Kredite aufnehmen und ausgeben. Die einzelnen Finanzbereiche werden hier kurz im Überblick dargestellt. Eine ausführliche Beschreibung folgt in den nächsten Abschnitten:

Verdienen

- Arbeit ist kein Fluch, sondern Segen.
- zielgerichtet
- Sorgfalt
- Dankbarkeit

Gemäß der Bibel sollen wir *zuverlässige Verdiener* sein.

Spenden

- Reaktion auf Gottes Güte
- Gott ist die Quelle unserer Sicherheit.
- um wirtschaftliche Gerechtigkeit zu erreichen
- um andere zu segnen
- um die Fesseln des Geldes zu zerschneiden

Die Bibel macht deutlich, dass wir *großzügige Spender* sein sollen.

Sparen

- Sparen ist klug.
- Horten ist Sünde.

Die Bibel verlangt, dass wir *weise Sparer* sind.

Schulden

- Schulden vermeiden.
- Schulden sind zurückzuzahlen.

Die Bibel legt Wert darauf, dass man ein *vorsichtiger Schuldner* ist.

Ausgeben

- Mach Dinge nicht zum Götzen.
- Sei nicht gierig.
- Sei zufrieden.

In der Bibel werden wir aufgefordert, *vernünftige Verbraucher* zu sein.

Wenn man nach biblischen Maßstäben mit den Finanzen umgeht, führt dies zu geistlicher und finanzieller Freiheit.

In den nächsten Abschnitten werden diese fünf Finanzbereiche einzeln durchleuchtet. Und am Ende dieser Kapitel steht dann vielleicht auch für Sie fest: Wenn man nach biblischen Maßstäben mit den Finanzen umgeht, führt dies zu geistlicher und finanzieller Freiheit.

»Wenn ich einmal reich wär' ...«

Wer kennt dieses Lied aus dem Musical »Anatevka« nicht? Und wer träumt nicht davon, reich zu sein? Denken Sie den Gedanken ruhig einmal zu Ende. Was wäre, wenn Sie reich wären?

Was würden Sie gerne tun oder lassen?

Was würde das für Sie bedeuten?

Warum haben Sie diese Wünsche?

Was können Sie jetzt schon tun?

Reich sein, damit man angesehen ist? Was ist ein Ansehen wert, das sich nicht auf mich als Person bezieht, sondern auf meinen Geldbeutel?

Reich sein, um mehr Freunde zu haben? Sind das echte Freunde, die ich nur habe, wenn ich reich bin?

Reich sein, um in ein Luxushaus in einer anderen Wohngegend ziehen zu können? Lasse ich damit auch meine Sorgen hinter mir, den Streit, die Konflikte? Fühle ich mich dort in der neuen Nachbarschaft wirklich wohl?

Reich sein und einen tollen Luxusurlaub machen, bei dem ich mich so richtig erholen kann? Erhole ich mich da wirklich oder kommt neuer, anderer Stress auf mich zu? Gibt es nicht auch andere Möglichkeiten, sich so richtig zu erholen?

Nein, reich sein ist an sich nicht schlecht, aber es ist keine Garantie dafür, dass man glücklich ist.

Untersuchungen in Dänemark haben gezeigt: Lottogewinner sind nicht glücklicher und ändern ihr Leben kaum. Immer wieder lesen wir darüber hinaus in der Presse von reichen und jungen Erben, die trotz ihres Geldes nicht glücklich sind und kein erfülltes Leben führen, das auch diesen Namen verdient. Natürlich, Geld zu haben erleichtert vieles, aber reich zu sein bedeutet nicht automatisch, dass man auch glücklicher ist.

Und wann ist man überhaupt reich? Angenommen, Sie hätten 50.000 Euro Guthaben auf der Bank und keine Schulden. Im Vergleich zu jemandem, der Sozialhilfe bekommt, oder zu einer Firma, die sich kurz vor dem Konkurs befindet, sind Sie reich. Im Vergleich zu Millionären oder gar zu den Albrecht-Brüdern sind Sie arm.

Mit wem vergleichen Sie sich? Wo setzen Sie Ihren Maßstab an? Wahrscheinlich wird es immer jemanden geben, der mehr hat als Sie, und wenn Sie sich auf diesen Vergleich einlassen, dann werden Sie nie reich genug sein.

Wann ist genug genug?

Verdienen: Geld – woher nehmen?

Der erste Finanzbereich, mit dem wir uns beschäftigen, ist das Verdienen des Geldes. Bevor es in irgendeiner Weise verwendet werden kann, muss es erst einmal in unseren Einflussbereich kommen. Es muss in irgendeiner Art und Weise verdient werden.

Unsere Gesellschaft prägt uns mit bestimmten Botschaften über die Arbeit, auch wenn uns dies kaum bewusst ist. Diese Botschaften beeinflussen unser Handeln und Denken, ohne dass wir es bemerken. Deshalb erst einmal ein Blick auf die Botschaften unserer Gesellschaft:

Dein Wert hängt von deinem Gehalt und deiner Position ab!

Das treibt uns dazu an, mehr Geld zu verdienen und auf der Karriereleiter immer weiter emporklettern zu wollen, auch wenn wir schon genug haben. Verstärkt wird das durch die Lüge: *Etwas mehr Geld würde all meine Probleme lösen.*

Die Bibel hingegen lehrt uns: Arbeit ist kein Fluch, sondern ein Segen, und jede Arbeit hat ihre eigene Würde. Dies zeigt sich bereits im 1. Buch der Bibel. Vor dem Sündenfall gab Gott den Menschen den Auftrag, den Garten Eden zu bestellen und ihn zu bewahren.

Verdiener, die auf eine Gott ehrende Weise arbeiten wollen, zeichnen sich durch mehrere Eigenschaften aus. Sie sind:

- fleißig,
- zielbewusst,
- dankbar,
- sorgen für sich selbst und die Menschen, die von ihnen abhängig sind.

»Alles, was ihr tut, tut von Herzen, als etwas, das ihr für den Herrn tut und nicht für Menschen« (Kolosser 3,23).

»Kümmert sich aber jemand nicht um die Not leidenden Witwen der eigenen Familie, besonders wenn sie im selben Haus wohnen, dann hat ein solcher Mensch den Glauben verleugnet und steht weit unter den Ungläubigen« (1. Timotheus 5,8).

»Vergesst das nicht und lasst euch nicht einfallen zu sagen: ›Das alles haben wir uns selbst zu verdanken. Mit unserer Hände Arbeit haben wir uns diesen Wohlstand geschaffen.‹ Seid euch vielmehr bewusst, dass der Herr, euer Gott, euch die Kraft gab, mit der ihr dies alles erreicht habt« (5. Mose 8,17–18).

Wichtig ist also, dass wir wissen, wer wir in Gottes Augen sind, und uns mit der richtigen Einstellung darum bemühen, Geld zu verdienen.

Spenden

In den Ausführungen über die Grundsätze der unterschiedlichen Finanzbereiche werden Sie immer wieder eine Gegenüberstellung zwischen dem finden, was die Gesellschaft uns vermittelt, und dem, was Gott uns in seinem Wort sagt.

Hätten Sie gedacht, dass das auch den Bereich der Spenden betrifft? Eigentlich sind wir uns doch alle einig, dass Spenden gut, nützlich, wohltätig ... sind. Kann es in dem Bereich denn einen Unterschied geben?

Schauen Sie sich einmal die Leitsätze der Gesellschaft an:

- »Spende, wenn es dir nützt.« (»Tue Gutes und rede darüber!«)
- »Gib, falls du etwas übrig hast.«
- »Gib aus einem Pflicht- oder Schuldgefühl heraus.«

Die Bibel vermittelt eine komplett andere Sichtweise des Gebens/Spendens:

- Zuallererst ist das Geben eine Antwort auf die Güte Gottes.

»Lauter gute Gaben, nur vollkommene Gaben kommen von oben, von dem Schöpfer der Gestirne« (Jakobus 1,17).

Zum einen ist das Motiv für das Spenden oder Geben also Dankbarkeit für Gottes Güte. Wenn man bereit ist, einen Teil zu geben und diesen Teil nicht zu horten, zeigt man zweitens, dass Gott die Quelle der Sicherheit ist.

»Sammelt keine Schätze hier auf der Erde! Denn ihr müsst damit rechnen, dass Motten und Rost sie zerfressen oder Einbrecher sie stehlen. Sammelt sie lieber bei Gott. Dort werden sie nicht von Motten und Rost zerfressen und können auch nicht von Einbrechern gestohlen werden« (Matthäus 6,19–20).

Wir verlassen uns also nicht auf einen Reichtum, der in einer Krise rasch vernichtet werden könnte, sondern bauen unsere Sicherheit auf Gott, auf die Schätze des Himmels. Wir zeigen damit, dass wir darauf vertrauen, dass Gott uns versorgen wird.

»Euer Vater im Himmel weiß, dass ihr all das braucht. Sorgt euch zuerst darum, dass ihr euch seiner Herrschaft unterstellt, und tut, was er verlangt, dann wird er euch schon mit all dem anderen versorgen« (Matthäus 6,32b–33).

Drittens möchte Gott uns gebrauchen, um ökonomische Gerechtigkeit herzustellen, indem wir uns der Armen annehmen. Gott gibt uns nicht mehr, als wir benötigen, damit unser Lebensstandard immer weiter steigt, sondern damit wir immer mehr geben können. Wir sind dazu berufen, andere Menschen zu lieben – und man kann zwar geben, ohne zu lieben, aber man kann nicht lieben, ohne zu geben.

Viertens möchte Gott, dass wir andere dadurch segnen und selbst auch gesegnet werden. Das erfuhr auch Abraham, als Gott zu ihm sagte:

»Ich will dich segnen und dich zum Stammvater eines mächtigen Volkes machen. Dein Name soll in aller Welt berühmt sein. An dir soll sichtbar werden, was es bedeutet, wenn ich jemand segne. Alle, die dir und deinen Nachkommen Gutes wünschen, haben auch von mir Gutes zu erwarten. Aber wenn jemand dir Böses wünscht, bringe ich Unglück über ihn. Alle Völker dieser Erde werden Glück und Segen erlangen, wenn sie dir und deinen Nachkommen wohl gesonnen sind« (1. Mose 12,2–3).

Wenn wir so geben, wie Gott dies von uns möchte, brechen wir die Macht des Geldes über unser Leben, es setzt Gottes Segen für uns frei und eröffnet uns die Möglichkeit, auch für andere Menschen zum Segen zu werden. Lesen Sie dazu noch einmal Matthäus 6, Verse 2 bis 4.

Sparen

Sparen ist der dritte Finanzbereich des Lebens. Sparen bedeutet, dass man weniger Geld ausgibt, als zur Verfügung steht bzw. als eingenommen wird. Gott möchte, dass wir weise Sparer sind. Was heißt dies im Einzelnen?

Im Finanzbereich des Sparens kann man sich zwischen zwei Polen bewegen: »gar nicht sparen« und »horten«.

nicht sparen	sparen	horten

Wenn Sie Ihr Leben ehrlich unter die Lupe nehmen, auf welchem Punkt der Linie ordnen Sie sich zur Zeit ein? Möchten Sie etwas ändern? Wohin möchten Sie sich bewegen?

Die Gesellschaft ermutigt uns an zahlreichen Stellen, auf das Sparen zu verzichten und das Geld auszugeben. Sie signalisiert uns: »Gib das Geld aus, du hast es dir verdient. Genieße es jetzt!«

Sparen vermittelt uns oftmals das Gefühl des Verzichts, weil uns das Geld, das gespart wird, nicht direkt zur Verfügung steht. Es ist, als ob einem das Geld genommen würde, besonders wenn es in langfristige Sparverträge fließt. Doch Sparen ist eine Investition in die Zukunft. Das Geld steht uns zwar heute nicht zur Verfügung, um Dinge zu erwerben, aber dafür später. Und wenn wir mit der richtigen Strategie sparen, dann arbeitet das Geld für uns und kommt uns zu einem späteren Zeitpunkt zugute.

Aber mancher findet einfach nie den richtigen Zeitpunkt, um mit dem Sparen anzufangen:

Im Alter von 15–25 Jahren

»Ich bin noch jung, ich befinde mich in der Ausbildung! Später kann ich immer noch sparen, ich hab noch so viel Zeit, außerdem verdiene ich noch nicht so viel.«

Im Alter von 25–30 Jahren

»Ich soll jetzt sparen? Ich fange doch gerade erst an, richtig Geld zu verdienen. Nun werde ich erst einmal das Leben genießen. Ein neues Auto, eine neue Wohnungseinrichtung und tolle Urlaubsreisen sind jetzt dran. Ich bin noch jung und jetzt kann und will ich es genießen.«

Im Alter von 30–45 Jahren

»Sparen? Jetzt? Wo denken Sie hin. Jetzt sind die Kinder da. Wissen Sie, was Kinder kosten? Die Kosten für die Miete oder das Eigenheim sind auch nicht ohne. Es reicht kaum zum Leben, ich kann jetzt doch nicht sparen.«

Im Alter von 45–55 Jahren

»Ich müsste jetzt endlich sparen, aber es geht nicht. Die Ausbildung und das Studium der Kinder kosten viel Geld. Es bleibt einfach nichts übrig.«

Im Alter von 55–65 Jahren

»So, nun geht es endlich los mit dem Sparen. Aber das bringt nun nicht mehr viel. Die Zeit, in der das Geld noch für mich arbeiten kann, ist viel zu kurz. Ich hätte vor mindestens 20 Jahren anfangen sollen.«

Diese stark schematisierte Darstellung verdeutlicht, dass Sparen sich meistens nicht von selbst ergibt. Wenn man nur das zurücklegt, was von selbst übrig bleibt, dann wird man nie sparen. Etwas kommt immer dazwischen. Sparen ist also eine *bewusste Entscheidung*.

Aus diesem Grund wird das Sparen im Budgetplan auch vor der Planung anderer Ausgaben aufgelistet: Zuerst wird die Entscheidung gefällt, wie viel man geben will, dann, wie viel man sparen will, und erst danach werden die Ausgaben geplant. Plant man zuerst die Ausgaben und spart dann, was übrig bleibt, so wird kaum etwas übrig bleiben, weil unsere Wünsche mit steigendem Einkommen fast automatisch ebenfalls zunehmen.

Grundsätzlich ist es klug und auch ratsam zu sparen. Das wird uns schon durch das Beispiel von der Ameise verdeutlicht, die im Buch der Sprüche (Sprüche 6,6–8) lobend erwähnt wird. Sie sammelt im Sommer und während der Erntezeit und sorgt dadurch für den Winter vor – die Zeit der Not.

Doch Sparen ist nicht gleich Sparen, und deshalb gibt es ein Maß der Vorsorge, das sinnvoll ist und in der Bibel befürwortet wird, und eines, das abgelehnt wird (horten). Letzteres ist Sünde. Das wird an dem Gleichnis von dem reichen Grundbesitzer deutlich (Lukas 12,16–21). Dieser hat eine sehr gute Ernte gehabt und will über das bisher sinnvolle Maß hinaus (bestehende Scheunen) sammeln. Er baut seine Sicherheit, seine Zuversicht und seine Freude auf die gehorteten Güter auf und nicht auf seine Beziehung zu Gott und dessen Güte: »Jetzt habe ich viel und bin völlig unabhängig – mir kann nichts mehr geschehen.« Auf diese Weise wird eine falsche, trügerische Sicherheit durch das Horten, durch die Raffgier aufgebaut.

Im Finanzbereich »Sparen« ist es also ebenso wichtig, dass man dies mit der richtigen Einstellung tut und die eigenen Motive überprüft. Der Umfang des Sparens sollte auch in der Verantwortung vor Gott gefunden werden.

Schulden – Leben über dem Limit

Kredite, Darlehen, Schulden, Verbindlichkeiten, Dispokredit – es gibt viele Worte, Formen und Bezeichnungen für dieses Minus und für die Tatsache, dass mehr Geld ausgegeben als eingenommen wird.

Schauen wir uns noch einmal genauer an, welche Botschaften uns die Gesellschaft zu dem »Minus« vermittelt:

- »Man kann Schulden nicht vermeiden.«
- »Ich denk einfach nicht an meine Schulden. Ich will mich damit nicht beschäftigen.«
- »Das ist eben so – jeder hat Schulden.«
- »Die Bank hat, was sie will, und ich hab, was ich will, wir sind beide glücklich.«

Die Hauptlüge unserer Gesellschaft ist, dass Schulden *normal* und *unvermeidlich* seien. Immer mehr Haushalte fallen auf diese Lüge herein:

- Die privaten Schulden der Haushalte in Deutschland steigen ständig.
- Die Zahl der privaten Insolvenzen übersteigt bald die ohnehin hohe Zahl der Firmeninsolvenzen.
- Ende 2003 beliefen sich die privaten Schulden laut Berechnung der Deutschen Bundesbank auf über 1.500 Milliarden Euro. Davon waren 192 Milliarden Euro Konsumentenkredite (siehe Globus OB 9443 19.07.2004).
- Die Umsätze der Pfandleiher steigen stetig. Immer mehr Menschen bringen Gegenstände ins Pfandhaus, um kurzfristig an Gelder zu kommen.
- Immer mehr Jugendliche haben Schulden.

Manchmal liegen die Gründe für eine Kreditaufnahme außerhalb unseres Einflussbereiches. Doch in den weitaus meisten Fällen handelt es sich dabei um die eigene Entscheidung, die durch die gesellschaftliche Norm gefördert wird.

Die alten Schulden haben ein neues Outfit bekommen und heißen jetzt Kredit, Dispo etc. Es wird suggeriert, dass Schulden harmlos sind und keine negativen Konsequenzen haben. Botschaften wie die folgenden strömen aus allen Richtungen auf uns ein:

- »Kaufe jetzt – zahle später.«
- »Ein Auto für nur XX Euro monatlich.«
- Null-Prozent-Finanzierung
- »Kaufen Sie jetzt, zahlen Sie die erste Rate erst in 6 Monaten!«
- einfacher Kredit
- Miniraten

Lassen Sie uns einmal betrachten, was die Bibel uns zum Thema Schulden sagt.

Ein Schuldner nach dem Herzen Gottes ist *vorsichtig*: Das bedeutet, dass er es so weit wie irgend möglich vermeidet, Schulden zu machen; er handelt sorgsam und planmäßig, wenn er Schulden macht, und er zahlt seine Schulden immer zurück.

Schulden bergen zwei Gefahrenquellen:

1. Die wirtschaftliche Gefahr

Die Zinsen der Schulden arbeiten gegen den Schuldner. Bei einem Zinssatz von ca. 18 % (z. B. bei Überziehung des Dispokredites) verdoppelt sich die geschuldete Summe innerhalb von vier Jahren!

2. Die geistliche Gefahr

Durch Schulden werden wir gebunden und sind nicht mehr frei:

»... wer Geld leihen muss, wird zum Sklaven seines Gläubigers« (Sprüche 22,7).

Wenn man Schulden macht und Geld aufnimmt, stellt man damit im Grunde Vermutungen über die Zukunft an. Es mag durchaus sein, dass beispielsweise eine Rate von 300,– Euro pro Monat für das Auto derzeit tragbar ist und keine große Belastung darstellt. Doch wird das auch in Zukunft der Fall sein? *»Woher wisst ihr denn, was morgen sein wird?«* (Jakobus 4,14)

Ein vielleicht etwas ungewöhnlicher Gedanke, aber mit der Schuldenaufnahme nehmen wir Gott auch die Möglichkeit, uns etwas zu lehren. Wir nehmen ihm vielleicht die Möglichkeit, uns seine Liebe zu zeigen, indem er dafür sorgt, dass das, was wir uns ohne Kredit nicht kaufen könnten, uns trotzdem zur Verfügung gestellt wird.

»Mit all dem plagen sich Menschen, die Gott nicht kennen. Euer Vater weiß, was ihr braucht. Sorgt euch nur darum, dass ihr euch seiner Herrschaft unterstellt, dann wird er euch schon mit dem anderen versorgen« (Lukas 12,30–31).

Oder wir bringen uns dadurch um eine »Lehre« Gottes, der uns vielleicht durch die Ablehnung eines Wunsches etwas beibringen möchte. Vielleicht ist das, was wir uns so dringend wünschen, gar nicht gut für uns, oder es ist im Augenblick wichtig, auch Verzichten zu lernen, um gestärkt in die Zukunft gehen zu können.

»Freu dich, wenn du einen Glückstag hast. Und wenn du einen Unglückstag hast, dann denke daran: Gott schickt dir beide« (Prediger 7,14).

Eine weitere geistliche Gefahr der Schuldenaufnahme ist, dass Neid und Habgier gefördert werden. Wir haben ein uns innewohnendes natürliches Bedürfnis nach *mehr.* Der Kredit kann durch die Anschaffungen, die dann möglich sind, diesen neidischen, gierigen Teil unseres Wesens stärken und nähren. Er wächst mehr und mehr. Doch Neid und Habgier sind etwas, das uns schadet und vor dem wir in der Bibel gewarnt werden.

»Gebt Acht! Hütet euch vor jeder Art von Habgier! Denn der Mensch gewinnt sein Leben nicht aus seinem Besitz, auch wenn der noch so groß ist!« (Lukas 12,15).

In diesem finanziellen Bereich besteht also wieder ein krasser Unterschied zwischen den Botschaften der Gesellschaft und dem, was Gott uns dazu sagt.

Der Schuldner nach dem Herzen Gottes ist vorsichtig!

An dieser Stelle will ich auch nicht verschweigen, dass es durchaus auch Fälle gibt, in denen es sinnvoll ist, Kredite aufzunehmen: Investitionen für Firma und Geschäft, eventuell das Haus, die Ausbildung ... Doch bedenken Sie immer, welche Gefahren damit verbunden sind, und wägen Sie sorgfältig ab.

Ausgeben – wann ist genug genug?

In diesem Finanzbereich strömen die Botschaften der Gesellschaft besonders laut auf uns ein. Es sind vier Hauptbotschaften, die uns als Konsumenten vor allem beeinflussen:

- »Dinge bringen Glück.«
- »Du bist, was du hast.«
- »Je mehr du hast, desto mehr solltest du ausgeben.«
- »Du befindest dich in einem Wettkampf und musst mehr und bessere Dinge besitzen als ...«

Haben Sie sich schon einmal gefragt, was und wie viel Sie erreichen wollen?

Wann ist genug genug?
Wie viel Wohnraum benötigen Sie?
Wie viele Rücklagen sind wofür notwendig?
Welche Autogröße ist Ihren Bedürfnissen angemessen?
Welche Dinge sind sinnvoll?

Mit diesen Fragen setzt sich in unserer Gesellschaft kaum jemand auseinander: »Was will und brauche ich wirklich?« Und so sind wir alle anfällig für die Wohlstandskrankheit. H. Norman Wright beschreibt sie in seinem Buch »Einfach besser leben«. Einige Anzeichen dieser Krankheit:

- Genug scheint nie genug zu sein.
- Man wünscht sich immer mehr, als man hat.
- Man kann sich nur mit dem Besten zufrieden geben.
- Man liegt ständig mit anderen im Wettstreit.

Die Wohlstandskrankheit ist wie eine Epidemie und sie ist ansteckend. *Mehr* ist besser. Diese Botschaft wird uns immer wieder eingetrichtert und sie bildet den idealen Nährboden für den Virus der Wohlstandskrankheit.

Aber dieser Leitsatz ist eine Lüge, denn *mehr* ist nicht immer gut, sondern manchmal ist *weniger* mehr. Wieso aber kann *mehr weniger* bedeuten?

»Wenn der Besitz von mehr *zu Komplikationen im Leben führt, die in keinem Verhältnis zu dem Vergnügen stehen, die dadurch gewonnen werden. Wenn Sie unverhältnismäßig viel Zeit dafür aufwenden, das Geld für diese ›Dinge‹ zu verdienen und sie instand zu halten, oder mehr Zeit benötigen, als Sie tatsächlich zur Verfügung haben, um sich an diesen ›Dingen‹ zu erfreuen. Wenn Sie* mehr *Zeit damit verbringen, sich mit der Kompliziertheit Ihres Lebens zu beschäftigen, als damit, Ihr Leben zu genießen. Wenn Sie sich*

dadurch geistlich mehr *bedrängt fühlen und am wahren Sinn des Lebens vorbeizugehen scheinen. Wenn das ›Mehr‹ Sie von Menschen trennt, die Sie lieben, anstatt Sie mit ihnen zusammenzubringen. Wenn Sie* mehr *Zeit damit verbringen darüber nachzudenken, wie Sie sich wohl fühlen würden, als sich wirklich wohl zu fühlen.*

Die meisten Menschen bewerten das, was sie nicht *haben, höher als das, was sie* haben.

Wir konzentrieren uns auf das, was wir nicht haben, und sagen: ›Ich muss diese eine bestimmte Sache haben. Ich brauche sie unbedingt.‹ Tatsache aber ist, dass wir sie meist gar nicht brauchen, sondern sie uns nur wünschen. Tatsache ist auch, dass das Ansammeln all unserer Besitztümer uns nicht befriedigt.« (»Einfach besser leben«, Asslar: Gerth Medien, 1999, S. 76 f.)

Verabschieden Sie sich von diesem Denkmuster. Definieren Sie für sich, wann genug genug ist! Das ist der einzige Schutz vor dem Virus der Wohlstandskrankheit. Stellen Sie sich gedanklich an den Gartenzaun Ihres Nachbarn, und sagen Sie, dass Sie aus dem Wettstreit aussteigen, wer das schönere Haus, das bessere Auto, die intelligenteren Kinder ... hat. Sie werden feststellen, dass sich auch Ihre Beziehung zu den Nachbarn entspannt, wenn dieser Wettstreit beendet wird.

Entdecken Sie für sich die Freiheit, die Sie erlangen, wenn Sie erkennen, dass genug genug ist.

Gott ermutigt uns in seinem Wort, unser Herz nicht an Dinge oder finanziellen Erfolg zu hängen.

»Wer am Geld hängt, bekommt nie genug davon. Wer Reichtum liebt, will immer noch mehr. Auch hier gilt: Alles vergeblich!« (Prediger 5,9).

Dreht sich unser Leben nur noch um Geld und Reichtum und nehmen sie unser Herz ein, so wird genug nie genug sein.

»Die, die unbedingt reich werden wollen, geraten in Versuchung. Sie verfangen sich in unsinnigen und schädlichen Wünschen, die sie zugrunde richten und ins ewige Verderben stürzen« (1. Timotheus 6,9).

Reichtum, finanzieller Erfolg oder Besitz werden uns nie wirklich glücklich machen. Anstatt uns auf das zu konzentrieren, was wir nicht haben, fordert Gott uns auf, für das dankbar zu sein, was wir haben, und ihm zu vertrauen. Wir sollen die Dinge nicht zu unseren Götzen machen, denn Gott möchte den ersten Platz in unserem Leben einnehmen: »Du sollst keine anderen Götter haben neben mir« (5. Mose 5,7).

Neben der Einstellung zu den Dingen, die man erwerben kann, spielt auch der planvolle Umgang mit den Ausgaben eine große Rolle, wenn Sie ein vernünftiger Verbraucher im Sinne der Bibel werden wollen.

Gibt es Dinge in Ihrem Leben, die Sie *unbedingt* haben mussten?

Hat der Besitz Sie glücklich gemacht?

Schauen Sie sich in Ihrer Wohnung um. Welche Dinge dienen Ihnen wirklich, welche sind eher eine Last? Gibt es Dinge, die Sie lieber nicht gekauft hätten, Investitionen, die Sie im Nachhinein bereuen? Was waren Ihre Motive für den Kauf?

Setzen Sie Ihren Wünschen Grenzen, und entscheiden Sie mit Gottes Hilfe, wann genug genug ist.

Kapitel 3

Im Kopf das Wissen

von Berit Hein

Verdienen – was steht zur Verfügung?

In diesem Abschnitt geht es um einige grundlegende Aspekte des Verdienstes. Das Einkommen bzw. die verschiedenen Einkünfte zusammen bilden den Rahmen für den Haushaltsplan. Letztendlich kann nicht mehr ausgegeben werden, als eingenommen wird. Eine Ausnahme davon bilden bestimmte Kredite. Bei einem Finanzplan, der auf Dauer ausgeglichen sein soll, ist es wichtig, dass die Zielsetzung darin besteht, mit den Mitteln auszukommen, die zur Verfügung stehen.

Doch welche Mittel stehen zur Verfügung?

- Das Gehalt, das durch nichtselbstständige Arbeit verdient wird. In den meisten Fällen bekommen Sie einen regelmäßigen Nettolohn ausbezahlt. Von diesem Lohn wurden schon die Steuern und die Sozialabgaben abgeführt. Wenn Ihre Steuerklassen so gestaltet sind, dass Sie nicht Gefahr laufen, immer wieder Steuern nachzahlen zu müssen, dann ist das die Summe, von der Sie bei der Aufstellung Ihres Haushaltsplanes ausgehen können.
- Variiert Ihr Lohn, z. B. durch Prämien, Überstunden etc., sollten Sie mit Vorsicht vorgehen. Gehen Sie von dem Gehalt aus, das Ihnen langfristig dauerhaft zur Verfügung steht. Überstunden können schnell wegfallen und Prämien geringer aus- oder ganz wegfallen.
- Sind Sie selbstständig und haben ein stark schwankendes Einkommen, sollten Sie zwei Faktoren berücksichtigen:

- Die Steuern sind noch nicht gezahlt. Rechnen Sie erst den zu erwartenden Steuerbetrag ab. Die Kosten für die privaten Sozialversicherungen sollten dann ebenfalls ein Punkt auf Ihrem Haushaltsplan sein.
- Rechnen Sie aus, wie hoch Ihre Einkünfte über das Jahr gerechnet sein werden. Schätzen Sie diese Summe vorsichtig. Sie sollte auf jeden Fall für Sie erreichbar sein. Bilden Sie dann einen monatlichen Durchschnittswert.

  Beispiel: Sie rechnen mit 40.000 Euro Gewinn pro Jahr und haben einen persönlichen Steuersatz von 25 %. Das bedeutet für Sie, dass Sie ca. 10.000 Euro Steuern zahlen müssen (genaue Daten kann Ihnen nur ein Steuerberater liefern, da die Steuerlast von vielen persönlichen Faktoren abhängt). Somit würden Ihnen für das Jahr ca. 30.000 Euro zur Verfügung stehen. Das bedeutet einen monatlichen Durchschnittsbetrag von 2.500 Euro.

  Alles, was dieses Einkommen von 2.500 Euro übersteigt, wird in eine kurzfristige Anlageform zur Seite gelegt, denn diese Mittel sind entweder Rücklagen für die zu zahlenden Steuern oder Rücklagen für die Monate, in denen weniger Geld hereinkommt.

▶ Zusätzlich stehen Ihnen vielleicht noch andere Einkünfte zur Verfügung: Mieten, Pachten, Zinsen etc. Bei all diesen Einkünften ist es wichtig, dass Sie bei der Berechnung Ihres Haushaltsplanes eine vorsichtige Schätzung zugrunde legen, damit keine Löcher entstehen. Auch hier sind nur die Nettowerte anzusetzen, das bedeutet, dass Kosten und Steuern erst abgerechnet werden müssen.

▶ Ganz wichtig: Die Zinsen, die bei den Sparanlagen für langfristige Ziele anfallen, sollen nicht mit in den Haushaltsplan eingeplant werden, da sie bei der Anlage verbleiben, um eine Art Turboeffekt zu bewirken.

Wenn Sie diese Hauptpunkte berücksichtigt haben, haben Sie eine gute Grundlage für das Budget.

Spenden und Geben in der Praxis

Gott möchte, dass wir gerne geben, egal, ob es um Zeit, Talente oder Geld geht. Obwohl Geben eine Sache des Herzens ist, nennt uns die Bibel als Richtschnur immer wieder den Zehnten.

Normalerweise wird der Zehnte als 10 % definiert. Für unseren Zweck wollen wir nicht mit Prozentzahlen arbeiten; für manche scheinen 10 % eine unerreichbare Größe bzw. eine große Belastung darzustellen. Darüber hinaus geben einige Christen 10 % ihres Gesamteinkommens, andere 10 % ihres Nettoeinkommens. Trotzdem sollte es als Christ Ihr Ziel sein, den Zehnten zu erreichen. Um dies in der Praxis möglich zu machen, sind zwei Punkte von großer Bedeutung:

- Für diejenigen, die den Zehnten noch nicht geben: Als Erstes benötigen Sie einen Plan, der Aufschluss darüber gibt, wie Sie es erreichen wollen, den Zehnten zu geben. Ziele brauchen Pläne, um Wirklichkeit zu werden. Und wenn der Zehnte für Sie ein Herzensanliegen geworden ist, werden Sie auch nach und nach Möglichkeiten finden, wie Sie diesen Wunsch in die Tat umsetzen können.
- Wenn Sie den Zehnten noch nicht geben können, sollten Sie trotzdem damit beginnen, etwas zu geben. Handeln Sie nicht nach dem Motto »Ganz oder gar nicht«. Fangen Sie an, zu säen und Gott zu vertrauen.
- Für alle, die den Zehnten geben: Den Zehnten zu geben ist ein wunderbares Ziel, aber Sie sollten nicht dabei stehen bleiben. Je mehr Gott Ihnen anvertraut, desto mehr sollte davon in seine Dienste fließen. Die Frage lautet

nicht: »Wie viel von meinem Geld soll ich Gott geben?«, sondern: »Wie viel von Gottes Geld brauche ich zum Leben?«

Es ist selbstverständlich, dass wir einen Teil des Geldes, das Gott uns anvertraut hat, für die Erfüllung unserer Bedürfnisse, für unsere Familie und zur Vorsorge benötigen. Das, was darüber hinaus geht, stellt er uns zur Verfügung, damit wir es in seinem Sinne weiterleiten.

Gleichgültig, wie viel Sie auch geben: Alles sollte freiwillig und mit einem fröhlichen Herzen erfolgen. Geben erfolgt aus einem Vertrauen zu Gott heraus und spiegelt das Maß unseres Glaubens wider. Bitte werden Sie beim Geben nicht gesetzlich, indem Sie sich starr auf Prozentsätze festlegen oder Druck auf andere ausüben. Lassen Sie sich auch bei dieser Entscheidung unbedingt von Gott leiten.

Ihre Entscheidungen und Pläne hinsichtlich des Zehnten fließen jetzt mit in den Haushaltsplan ein. Die Position »Geben/Spenden« werden Sie an erster Stelle der Ausgaben finden, denn wenn Sie das spenden, was eventuell übrig bleibt, wird kaum etwas dafür übrig bleiben. Spenden und Sparen sind bewusste Entscheidungen, die noch vor den anderen Ausgaben mit eingeplant werden müssen, damit sie überhaupt zustande kommen. Erst wenn diese finanziellen Bereiche von dem Einkommen abgezogen wurden, kann man die Ausgaben für das tägliche Leben planen.

Geben ist eine Herzensangelegenheit. Beginnen Sie, etwas zu geben.

Noch ein Tipp am Rande: Spenden sind teilweise steuerlich absetzbar. Überlegen Sie also, ob Sie das, was Sie als Spende geben wollen, z. B. als Dauerauftrag überweisen. Damit haben Sie zum einen den Nachweis für das Finanzamt und zum anderen geht die Spende gleich von

Ihrem Gehalt ab und steht Ihnen so gar nicht erst zur Verfügung.

Nur ein Euro pro Tag

Die folgende Tabelle soll verdeutlichen, was mit kleinen Summen über einen langen Zeitraum geschieht. Ich gehe dabei von nur einem Euro pro Tag aus!

Jahre	Spardoseninhalt in Euro	Investiert in einen Fonds mit 10 % Rendite und Wiederanlage der Erträge	Kreditaufnahme über ein Kreditkartenkonto mit einem Zinssatz von 20 %
5	1.825	2.329	–2.957
10	3.650	6.080	–10.316
15	5.475	12.121	–28.626
20	7.300	21.849	–74.190
25	9.125	37.518	–187.566
30	10.950	62.752	–469.681
35	12.775	103.391	–1.171.674
40	14.600	168.842	–2.918.457
45	16.425	274.250	–7.265.012

Zur Erläuterung: Bei der Berechnung der beiden Spalten »Spardoseninhalt« und »Fonds« wird davon ausgegangen, dass kein Geld entnommen wird. Bei der letzten Spalte wird während der gesamten Laufzeit keine Rückzahlung getätigt.

Schauen Sie sich diese Tabelle an. Was sagt sie Ihnen und welche Konsequenzen werden Sie daraus ziehen?

Sparen, aber richtig

Hier finden Sie Wissenswertes rund um das Sparen:

Die Sparziele

Es gibt drei verschiedene Sparziele:
1. Sparen für den Notfall,
2. Sparen für Ersatzanschaffungen/Anschaffungen,
3. langfristiges Sparen/Altersvorsorge.

1. Sparen für den Notfall

Wir wissen nie, was uns in unserem Leben zustoßen wird. Daher ist es sinnvoll, ein paar Rücklagen für bestimmte Notfälle zu bilden, wie Arbeitslosigkeit, längere Krankheiten, Krankenhausaufenthalte, Autoreparaturen durch einen Unfall, der unvorhergesehene Flug oder die Reise zu Menschen, die im Sterben liegen und von denen wir uns verabschieden wollen ... Sie merken schon: Es geht um Wechselfälle des Lebens, die nicht planbar und nicht vorhersehbar sind.

Und was ist mit dem Kühlschrank, der plötzlich kaputt geht? Der fällt in die zweite Kategorie der Sparziele.

2. Sparen für Anschaffungen/Ersatzanschaffungen

Auch wenn wir vielleicht davon überrascht sind, dass der Kühlschrank gerade heute kaputt geht und nicht mehr zu reparieren ist, sind diese Kosten in einem begrenzten Maße planbar. Doch obwohl wir wissen, dass Haushaltsgeräte und andere technische Geräte nur eine begrenzte Nutzungsdauer haben, planen viele von uns die Kosten für die Wiederanschaffung dieser Geräte nicht mit ein. Sie stehen in unserem Haushalt, tun ihren Dienst, und wenn sie dann endgültig ausfallen, reißt dies ein tiefes Loch in unser Budget. Immer wieder überraschend und irgendwie doch vorhersehbar.

In Unternehmen trägt man dieser Tatsache Rechnung, indem man die »Afa« (»Absetzung für Abnutzung« – steuerlicher Begriff) berücksichtigt. Dabei rechnet man aus, wie viele Jahre der Gegenstand genutzt werden kann und wann neu investiert werden muss. Sind dies z. B. zehn Jahre, so muss jedes Jahr ein Zehntel des Anschaffungspreises aus dem Gewinn zur Seite gelegt werden.

Eine ähnliche Vorgehensweise eignet sich auch für unseren privaten Finanzbereich. Rechnen Sie doch einmal aus, wie viele technische Geräte es in Ihrem Haushalt gibt: Waschmaschine, Herd, Kühlschrank, Gefrierschrank, Trockner, Fernseher, Computer, Stereoanlage und, und, und ... Dazu kommt noch eine Vielzahl von kleineren Haushaltshelfern und Geräten: Toaster, Kaffeemaschine, Bügeleisen, Waffeleisen, Radio ... Wenn man einmal darüber nachdenkt, merkt man, welche Summen da zusammenkommen.

Anhand eines Rechenbeispiels kann man dies verdeutlichen (wir gehen von durchschnittlich zehn Jahre Nutzungsdauer aus):

- 10.000 Euro Anschaffungspreis für die sich im Haushalt befindlichen technischen Geräte;
- 5.000 Euro Ausgleich für eine angenommene Preissteigerung von 50 % innerhalb von zehn Jahren;
- 15.000 Euro Gesamtsumme, die im Laufe von zehn Jahren aufgewendet werden muss.

Das entspricht einem Betrag von 1.500 Euro pro Jahr, also monatlich 125 Euro, die allein dazu benötigt werden, um den bisher erworbenen Lebensstandard zu halten. Hinzu kommen die Kosten für geplante Neuanschaffungen, die bisher noch nicht vorhanden waren.

Eine solche Rechnung kann man nicht nur für Haushaltsgeräte aufstellen, sondern auch für das Auto. Rechnen Sie einmal selbst für Ihr Auto/Ihre Autos:

- Anschaffungspreis: ______________________________
- Preissteigerung: ______________________________
- Gesamtsumme: ______________________________

Die *Gesamtsumme* geteilt durch die geplante *Nutzungsdauer/bzw. Restnutzungsdauer* ergibt den Betrag, den Sie jährlich für eine Neuanschaffung zurücklegen sollten, um Ihren Lebensstandard halten zu können.

Mehr zum Thema »Auto« im Bereich »Schulden und Geld ausgeben«.

3. Langfristiges Sparen/Altersvorsorge

Dieser Sparbereich sollte von den anderen beiden getrennt berücksichtigt werden.

Wenn langfristig gespart wird, dann bedeutet dies, dass das Geld für uns arbeitet. Es wirft Erträge ab, ohne dass wir dafür gearbeitet haben. Je länger der Anlagezeitraum ist und Sie das Geld liegen lassen, umso mehr arbeitet es durch den Zinseszinseffekt für Sie. Das bedeutet, dass Sie die Erträge aus der Anlage wieder weiter mit anlegen und die Erträge dann auch wieder weiter Erträge abwerfen.

Ein Beispiel:

Wenn Sie 10.000 Euro zu einem Zinssatz von 6 % anlegen, haben Sie nach	**Circa-Summe**
10 Jahren	18.000 Euro
20 Jahren	32.200 Euro
30 Jahren	57.500 Euro

Nach zehn Jahren hat sich das Geld fast verdoppelt, nach 20 Jahren verdreifacht, aber nach 30 Jahren fast versechsfacht. Bedingt durch den Zinseszinseffekt, arbeitet die Zeit für Sie.
Doch leider geschieht in den meisten Fällen Folgendes: Man fängt an, ein kleines Vermögen aufzubauen, sieht, dass Geld vorhanden ist und man sich einen größeren Wunsch erfüllen kann, und entnimmt Geld. Wie sich das auswirkt, sehen Sie in dem folgenden Vergleich:

Karl und Willi legen jeder dreimal 10.000 Euro an. Karl entnimmt jeweils nach zehn Jahren das Geld, um sich einen größeren Wunsch zu erfüllen. Willi lässt das Geld weiter für sich arbeiten. (Ohne Berücksichtigung der Inflation.)

Karl zahlt im Jahr	***Entnimmt nach Jahren***	***hat am Ende des***
Jahr 1: 10.000 Euro	10 Jahren: 18.000 Euro	10. Jahres: 0 Euro
Jahr 11: 10.000 Euro	20 Jahren: 18.000 Euro	20. Jahres: 0 Euro
Jahr 21: 10.000 Euro	nichts	30. Jahres: 18.000 Euro

Karl hat also einen Gesamtnutzen von 3 x 18.000 Euro = 54.000 Euro

Willi zahlt im Jahr	***entnimmt***	***hat am Ende des***
Jahr 1: 10.000 Euro	—	10. Jahres: 18.000 Euro
Jahr 11: 10.000 Euro	—	20. Jahres: 50.200 Euro
Jahr 21: 10.000 Euro	—	30. Jahres: 107.700 Euro

Willi hat also einen Gesamtnutzen von 107.700 Euro, weil das Kapital nicht entnommen wurde und weiter für ihn gearbeitet hat.

Der Zinseszinseffekt ist also eine Art »Turbo« für die Geldanlage. Sie merken, dass es sinnvoll ist, das langfristige Sparen unbedingt von dem Sparen für kurzfristige Ziele zu trennen und zwischenzeitlich kein Geld daraus zu entnehmen.

Einen noch größeren Spareffekt erhalten Sie, wenn Sie über einen langen Zeitraum regelmäßig monatlich Geld anlegen.

Neben den verschiedenen Sparzielen ist es auch wichtig, sich über Anlagezeiträume, Risiken, Verfügbarkeit und Ertrag der Anlagen Gedanken zu machen. Gelder, die als Reserve für die Wechselfälle des Lebens oder für die Ersatzanschaffungen zur Seite gelegt werden sollen, müssen auch verfügbar sein, wenn man sie benötigt. Diese Mittel sollten Sie also nicht in langfristige oder risikoreichere Anlagen investieren.

Trennen Sie zwischen dem langfristigen Sparen und dem Sparen für Konsum.

Wege aus der Schuldenfalle – Wissen rund um das Thema »Schulden«

Bei den folgenden Ausführungen möchte ich zwischen fünf verschiedenen Arten von Schulden unterscheiden:

1. Autofinanzierung,
2. Hausfinanzierung,
3. Geschäftskredite,
4. Aus- und Fortbildungskredite.

Bei den oben genannten Krediten mag es gute Gründe geben, diese Verpflichtungen einzugehen. Trotzdem bergen sie natürlich auch die Gefahren in sich, die allen Krediten zu Eigen ist. Die letzte Gruppe sind die:

5. Konsumentenkredite.

Diese Kredite unterscheiden sich deutlich von den anderen, denn sie sollten auf jeden Fall nicht aufgenommen werden. Sie dienen allein dem privaten Verbrauch; mit ihrer Hilfe soll ein erhöhter Lebensstandard finanziert werden, den man sich im Grunde nicht leisten kann.

Diese Art Kredite kann mehrere Formen haben: Darlehen, Dispokredit oder auch das Kreditkartenkonto. Gerade die Verwendung von Kredit- oder EC-Karten zur Bezahlung der Einkäufe führt oft dazu, dass wesentlich mehr Mittel ausgegeben werden, als eingeplant waren, oder die Einkäufe generell umfangreicher ausfallen.

Ein erster wesentlicher Schritt zum Abbau von Schulden kann also sein, dass man wieder auf Barzahlung umsteigt, um einen Überblick darüber zu bekommen, wohin das Geld im Einzelnen fließt. Die Münzen und Geldscheine in unserem Portemonnaie, die weggegeben werden, machen sichtbar, wie viel noch zur Verfügung steht und wie viel ausgegeben wurde. Tests haben gezeigt, dass Käufer, die mit

Karten bezahlen, wesentlich mehr Geld ausgeben als Kunden, die bar bezahlen. Überprüfen Sie es doch einmal selbst, indem Sie für eine Zeit von z. B. drei Monaten auf Barzahlung umsteigen, wo diese möglich ist. Beobachten Sie, was sich ändert.

Folgende Rechenbeispiele sollen Ihnen verdeutlichen, welche finanziellen Auswirkungen Schulden auf Ihr Leben haben und wie sie Ihren Freiraum in der Zukunft belasten. Neben diesen Beispielen erhalten Sie aber auch viele Informationen zu den Folgen der Verschuldung, wenn Sie sich Reportagen über den Staatshaushalt ansehen.

Entwerfen Sie also eine Strategie, um Ihre Schulden zurückzuzahlen. Dabei sind folgende Schritte wichtig:

- Kenntnis über den genauen Stand der Schulden.
- Entdecken Sie Einsparpotenziale.
- Stellen Sie einen Schuldenrückzahlungsplan auf.
- Fangen Sie mit dem kleinsten Kredit zuerst an.

Um das Verfahren einmal zu verdeutlichen, hier ein Beispiel:

Beispiel für einen Schuldenrückzahlungsplan

bezahlt nach _______ Monaten

1) Posten	2) Schulden in Euro	3) Zinssatz in %	4) Monatl. Mindest-rate in Euro	5) Zusätzliche Zahlung 150 Euro	3 Monate	6 Monate	15 Monate	22 Monate	26 Monate
Bank	372	18	15	165	Bezahlt!				
Arzt	550	0	20	20	185	Bezahlt!			
Kreditkarte 1	1.980	19	40	40	40	225	Bezahlt!		
Kreditkarte 2	2.369	16,9	50	50	50	50	275	Bezahlt!	
Auto	7.200	6,9	259	259	259	259	259	534	Bezahlt!
Gesamt	12.471		384	534	534	534	534	534	0

Die erste und zweite Spalte zeigen, wem welche Summe geschuldet wird. Dabei wird mit der kleinsten Summe begonnen. Die dritte Spalte gibt Aufschluss über den Zinssatz, die vierte über die monatliche Mindestrate, die gezahlt werden muss. Die fünfte Spalte weist den Betrag aus, den Sie durch bessere Haushaltsführung und Einsparmaßnahmen zusätzlich aufbringen können. Dieser Betrag ist der »Turbo« bei der Schuldenrückzahlung. Er wird zunächst dafür verwendet, um die kleinste Summe schneller zurückzuzahlen. Dann wird der frei werdende Betrag (Rate vom ersten Darlehen und zusätzliche Zahlung) verwendet, um das zweite Darlehen schneller zurückzuzahlen usw. In den folgenden Spalten sehen Sie, nach welcher Gesamtlaufzeit das jeweilige Darlehen zurückgezahlt ist.

Da in jeder Phase die frei werdenden Mittel nicht anderweitig verbraucht, sondern genutzt werden, um die Schulden schneller zurückzuzahlen, beschleunigt sich der Vorgang erheblich.

Nach drei Monaten ist durch die zusätzliche Zahlung von monatlich 150 Euro die Schuld bei der Bank getilgt. Die nun frei werdenden Mittel in Höhe von 165 Euro (15 Euro + 150 Euro) werden dann verwendet, um das Darlehen beim Arzt schneller zurückzuzahlen.

Dieser Plan motiviert, da absehbar ist, wann die Schuldenfreiheit erreicht wird. Es fällt dann leichter, auf bestimmte Dinge zu verzichten, wenn man die positiven Folgen so deutlich ablesen kann.

Noch einige Tipps:

- Nehmen Sie während der Schuldenrückzahlung keine neuen Kredite auf.
- Wenn Sie alle Schulden zurückgezahlt haben, sollten Sie einen Teil der Rate sparen (in dem obigen Fall einen Teil der 534 Euro), denn Sie sind eine längere Zeit ohne diese

Mittel ausgekommen. Gewöhnen Sie sich jetzt nicht gleich wieder daran, dass monatlich mehr Geld zur Verfügung steht. Schaffen Sie nun Rücklagen, damit die Gefahr, dass Sie wieder Schulden machen müssen, geringer ist.

- Falls Sie mit dem Gedanken spielen, in Zukunft einen größeren Kredit aufzunehmen: Finden Sie doch einfach einmal heraus, wie Ihr finanzieller Alltag aussieht, wenn Sie tatsächlich monatlich Raten zurückzahlen müssten. Überweisen Sie diesen Betrag mindestens sechs Monate lang auf ein Sparbuch. Zum einen werden Sie so erleben, wie man haushaltet, wenn das Budget durch diese Rate belastet ist; zum anderen schaffen Sie sich schon ein wenig mehr Eigenkapital für diese Anschaffung.

Seien Sie ein vorsichtiger Schuldner. Überlegen Sie sich sorgfältig, ob Sie einen Kredit aufnehmen sollten. Zahlen Sie Ihre Schulden zügig und planmäßig zurück.

Wenn Sie Konsumschulden haben, dann ist dies ein Zeichen dafür, dass Sie Ihren Lebensstandard zu hoch angesetzt haben. Es ist mehr Geld für den privaten Verbrauch weggeflossen, als eingenommen wurde.

Die Frage, die Sie sich bisher gestellt haben, lautete wahrscheinlich: »Woher bekomme ich das Geld für ...?« Die Frage, die Sie sich jetzt stellen sollten, lautet jedoch: »Wie komme ich mit dem aus, was mir zur Verfügung steht?«

Geld ausgeben

Bislang haben wir uns der praktischen Seite dreier Finanzbereiche beschäftigt, in denen Geld wegfließt – Spenden, Sparen und Schulden. Im Folgenden geht es nun um den Finanzbereich »Ausgeben«. Er umfasst die restlichen Ausgabenposten Ihres Budgets. Hier finden Sie die Ausgaben für:

- Wohnen,
- Transport,
- Versicherungen,
- Haushalt/Kleidung/Persönliches,
- Unterhaltung,
- Dienstleistungen,
- Sonstiges.

Auf den folgenden Seiten finden Sie einige grundsätzliche Ausführungen zu den einzelnen Posten. Weitergehende Spartipps finden Sie in der einschlägigen Literatur. Doch beachten Sie immer, dass es einen Unterschied zwischen dem sinnvollen Umgang mit den Finanzen und Geiz gibt. Bewerten Sie also die angegebenen Tipps auch nach diesem Kriterium.

Wohnen

Kauf oder Miete?

Viele träumen den Traum vom eigenen Haus oder von der eigenen Wohnung. Man hat oft den Eindruck, dass Mieten herausgeschmissenes Geld sind. In diesem Bereich spielen Gefühle eine große Rolle. Bitte entscheiden Sie trotzdem nach Vernunftgründen.

Rechnen Sie durch, ob ein Haus mit einer hohen Finanzierungsbelastung wirklich in Ihr Budget passt; denken Sie auch an all die Nebenkosten. Oder ist Mieten doch die bessere Alternative?

Neben dem finanziellen Aspekt sollte die persönliche Situation berücksichtigt werden. Selbst wenn Sie sich ein Haus leisten könnten, kann es sinnvoller sein zu mieten, wenn die Wahrscheinlichkeit besteht, dass Sie in den nächsten Jahren umziehen müssen.

Wenn Sie ein Haus über Kredit finanzieren, sollten Sie versuchen, im Kreditvertrag Sonderzahlungen zu vereinbaren. Diese beschleunigen die Rückzahlung und verkürzen so die Laufzeit und damit Ihren Zinsaufwand.

1. Nebenkosten

Achten Sie auf Ihren Heizthermostat. Wenige Grad Unterschied in der Temperatur können einen erheblichen Unterschied in Ihrer Heizkostenabrechnung bedeuten.

Informieren Sie sich über effektive Einsparmöglichkeiten auch bei Wasser und Strom. Zu diesen Themen gibt es viele gute Ratgeber.

2. Telefonkosten

Halten Sie Ihre Telefon- und Handykosten niedrig, indem Sie sich zu einem weisen, sparsamen Umgang mit dem Telefon entscheiden. Beziehen Sie auch Ihre Kinder in die Überlegungen mit ein, und bringen Sie Ihnen frühzeitig bei, wie man Handy und Telefon sinnvoll einsetzt und die Nutzung begrenzt. Gerade bei den Jugendlichen ist das Handy heute der Schuldenproduzent Nr. 1.

Ähnliche Überlegungen gelten auch für die Internetnutzung.

Transport

Dieser Kostenblock ist nach dem Wohnen einer der größten im Budget, denn er umfasst auch die Kosten für das Auto. Gerade in diesem Bereich kann oft auf Dauer sehr schnell sehr viel Geld eingespart werden, wenn man sich dazu entschließt, das Auto möglichst lange zu nutzen. Auch der Kauf eines guten Gebrauchtwagens im Vergleich zu einem Neuwagen birgt große Sparpotenziale.

Ein Beispiel: Sie finanzieren Ihren Neuwagen mit 300 Euro monatlich. Nach vier Jahren sind Sie mit der Abzahlung fertig. Nun würden Sie sich vielleicht den nächsten Neuwagen holen, weil Sie sich die Rate ja leisten können. Und außerdem ist der Wagen schon vier Jahre alt. Wenn Sie jetzt beschließen, diesen Schritt nicht zu tun, sondern das bezahlte Auto für weitere vier Jahre zu nutzen und stattdessen die 300 Euro monatlich zu sparen, haben Sie nach diesem Zeitraum 14.400 Euro zur Seite gelegt. Dafür erhalten Sie Zinsen und gemeinsam mit dem Restwert des alten Wagens können Sie einen neuen kaufen, ohne einen Kredit aufnehmen zu müssen.

Versicherungen

Auch wenn in Deutschland sehr viel Geld für Versicherungen ausgegeben wird, sind viele Menschen nicht richtig versichert, da sie die falschen Versicherungen abgeschlossen haben. Die größten Risiken sind oft nicht abgesichert, sondern es wird Geld für Risiken ausgegeben, bei denen der Schaden nicht so hoch ist. Je nach Lebenssituation gibt es Risiken, die die ganze Existenz bedrohen können und unbedingt zuerst abgesichert werden sollten. Informationen zu dem Thema, wann welche Versicherung sinnvoll ist und welche nicht, erhalten Sie z. B. bei den Verbraucherzentralen.

Also zunächst überlegen, welche Versicherung benötigt wird, und dann erst um den Preisvergleich kümmern.

Haushalt/Kleidung/Persönliches

1. Einkäufe

Planen Sie Ihre Einkäufe unbedingt mit einem Einkaufszettel, damit Sie auch das einkaufen, was Sie wirklich benötigen. Ohne Einkaufszettel wird oft mehr gekauft, als geplant, und der Schock kommt an der Kasse.

Überlegen Sie, ob Sie auch die Einkäufe begrenzen können, indem Sie geplante Großeinkäufe durchführen und mit einem Speiseplan arbeiten.

2. Kleidung

Planen Sie Ihre Garderobe. Verschaffen Sie sich einen Überblick über das, was Sie haben, und das, was Sie wirklich noch benötigen. Konzentrieren Sie sich auf Farben, die Ihnen gut stehen, und auf Stilrichtungen, die wirklich gut zu Ihnen passen.

Wenn Sie merken, dass Sie Kleidung kaufen, auch wenn Sie keine benötigen, um sich besser zu fühlen, sollten Sie sich Hilfe suchen, um die Ursache für dieses Verhalten herauszufinden.

Gott möchte nicht, dass Sie Ihren Wert von der Kleidung abhängig machen, die Sie tragen. Sprechen Sie auch mit den Kindern darüber, denn sie sind dem Druck, die Kleidung bestimmter Marken zu tragen, besonders stark ausgesetzt.

3. Bücher und Zeitschriften

Die erste Frage lautet, ob Sie es überhaupt schaffen, das zu lesen, was Sie bestellt oder abonniert haben. Wenn nicht, bestellen Sie es ab.

»Denn euer Herz wird immer dort sein, wo ihr eure Schätze habt« (Matthäus 6,21).

Die zweite Frage ist, ob Sie das, was Sie lesen, auch lesen sollten. Sind die Inhalte gut oder eher überflüssig? Die Dinge, mit denen wir unser Denken füllen, bestimmen unser Handeln. Welchen Nutzen hat z. B. eine Zeitschrift, die Ihnen kaum echte Informationen bringt, Ihnen aber ständig vor Augen führt, dass dieses und jenes der neueste Trend ist, dem Sie unbedingt folgen müssten – und somit zu Unzufriedenheit führt?

Wie Sie anhand dieser vier Punkte, die nur kurz beleuchtet wurden, bestimmt bemerkt haben, beinhalten all diese Entscheidungen nicht nur sachliche Überlegungen und Aspekte, sondern auch emotionale und geistliche. Die Dinge, für die wir Geld ausgeben, und auch die Art und Weise, wie wir Geld ausgeben, sagen viel über unsere Überzeugungen, Werte, Einstellungen und Gedanken aus.

Kapitel 4

In der Hand das Werkzeug

von Berit Hein

Auf dem Spielfeld

Stellen Sie sich bitte vor, wir würden an einem Tisch vor dem obigen Spielfeld sitzen. Sie nehmen den Würfel in die Hand und würfeln eine »4«.

Ich ergreife den Spielstein und frage Sie: »In welche Richtung soll sich die Spielfigur vier Schritte bewegen? Diagonal nach oben, geradeaus nach links oder nach rechts oder vielleicht nach unten?«

Sie sehen mich erstaunt an und sagen: »Woher soll ich wissen, was möglich ist? Ich weiß ja noch nicht einmal, wo meine Spielfigur steht!«

Nach Ihrem Einwand stelle ich die Figur in die Mitte des Spielfeldes und wiederhole die Frage: »In welche Richtung soll sich die Figur um vier Felder bewegen?«

Sie treffen eine Entscheidung und sagen beispielsweise: »Diagonal nach rechts.« Und ich rücke die Figur in die angegebene Richtung.

Wenn ich Sie jetzt frage, ob der Zug gut oder schlecht war, sinnvoll oder nicht, ob er Sie weiter in Richtung Ziel bringt, dann wird sich sicher wieder ein großes Fragezeichen auf Ihrem Gesicht abzeichnen. »Woher soll ich das wissen? Ich kenne doch weder das Ziel noch die Regeln des Spieles!«

Genau!

Um so etwas Einfaches wie ein Brettspiel spielen zu können, brauchen wir Spielregeln, einen Startpunkt und die Information, wo sich das Ziel befindet. Ohne dieses Wissen können Sie keine Entscheidungen treffen. Sie können zwar handeln, einfach irgendetwas tun, aber Sie wissen nie, ob diese Entscheidung gut ist oder nicht. Das ruft ein Gefühl der Unsicherheit hervor. Sie schwimmen, schwanken, sind wie ein Blatt im Wind, weil kein Halt da ist. Wahrscheinlich kämen Sie auch nie auf die Idee, ein Brettspiel zu beginnen, ohne sich dieses Wissen anzueignen.

Doch im Bereich der Finanzen geschieht oft genau das. Wir fangen einfach an. Irgendwann drückt man uns zum ersten Mal Geld in die Hand, und wir fangen an, etwas damit zu machen. Oft lernen wir auch durch ausprobieren. Aber da es um einen wichtigen Bereich unseres Lebens geht und nicht um ein Spiel, kann uns das sehr teuer zu stehen kommen. Manchmal merken wir auch gar nicht, dass wir uns in die falsche Richtung bewegen, weil uns jegliche Vorstellung davon fehlt, wie es optimal laufen könnte.

Sie merken schon: Wir benötigen drei Informationen, um auch im Bereich der Finanzen unsere Entscheidungen treffen und beurteilen zu können:

- die Spielregeln,
- eine Standortbestimmung,
- ein Ziel.

Wenn wir die Spielregeln, unseren Standort und unser Ziel nicht kennen, sind wir wie ein Blatt im Wind!

Bisher haben wir uns in diesem Buch mit den »Spielregeln« beschäftigt. In den folgenden Abschnitten geht es um die genaue Bestimmung des Standortes und des Zieles.

Wo stehe ich – Standortbestimmung

Nachdem Sie sehr viel über die Spielregeln im Umgang mit Geld erfahren haben, geht es in diesem Kapitel um eine Standortbestimmung. An welchem der vier folgenden finanziellen Standorte befinden Sie sich zur Zeit:

1. in einer Krise,
2. kurz vor dem finanziellen Zusammenbruch,
3. in guter finanzieller »Verfassung«,
4. sie praktizieren einen Gott ehrenden Lebensstil?

Mein Lebensstil entspricht im Augenblick der Kategorie

____

Lassen Sie uns einen Blick auf jeden einzelnen Bereich werfen:

In einer Krise

Gehören Sie zu den Menschen, die gerade in einer ernsten finanziellen Krise stecken, dann gratulieren wir Ihnen zu Ihrem Mut, dieses Buch zu lesen, denn es zeigt, dass Sie das Problem angehen wollen. Das ist ein erster, großer Schritt. In diesem Buch finden Sie erste Denkansätze, die Ihnen weiterhelfen können.

Kurz vor dem finanziellen Zusammenbruch

Sie kommen mit Ihrem Geld »gerade so« aus. Sie hangeln sich von Monat zu Monat, haben aber keine Reserven. Wenn etwas Unvorhergesehenes geschehen sollte, naht die Katastrophe. Sie sind es leid, mit so hohen Krediten und so wenig Reserven zu leben. Dieses Buch wird Ihnen helfen, die ersten Schritte zu gehen, um die Finanzen wieder in den Griff zu bekommen und sich auf den Weg zu einem Gott ehrenden Lebensstil zu begeben.

In guter finanzieller »Verfassung«

Eine dritte Gruppe von Ihnen befindet sich vielleicht in guter oder sogar sehr guter finanzieller Verfassung. Das Geld reicht aus. Sie sparen regelmäßig, investieren weise und haben keine Konsumentenkredite. Vom rein finanziellen Standpunkt her gesehen, gehen Sie gut mit Ihren Finanzen um. Doch vielleicht ehren Sie mit Ihren finanziellen Entscheidungen Gott nicht genug oder gar nicht. Ihnen möchten wir helfen, zu erfahren, was Gott zum Thema »Finanzen« zu sagen hat und was dies in der Praxis bedeuten kann.

Gott ehrender Lebensstil

Sie praktizieren bereits einen Gott ehrenden Umgang mit Ihren Finanzen. Dieses Buch möchte Sie dabei unterstützen und bestätigen.

Lesen Sie sich die folgenden Fragen bitte einmal durch. Sie werden Ihnen helfen, Ihr Verhältnis zu Ihren Finanzen noch besser einzuschätzen:

- Was sagen meine Ausgaben über meine Werte aus?
- Wofür gebe ich sehr viel Geld aus?
- Wie viele Sorgen mache ich mir ums Geld?
- Steigt und fällt mein Selbstwert mit dem Kontostand?
- Wie viel Streit gibt es ums Geld?
- Kaufe ich ein, um eine innere Leere auszufüllen?

Die Beantwortung einiger dieser Fragen wird Ihnen sicher leicht fallen, aber bei manch anderen Fragen fehlen Ihnen wahrscheinlich einige Informationen. Alle Fragen, zu deren Beantwortung Sie einen umfassenden Überblick über Ihre genauen Ausgaben benötigen, sind in der Regel schwer zu beantworten. Wissen Sie eigentlich, wohin Ihr Geld fließt?

Wenn ja, dann herzlichen Glückwunsch. Sie gehören wahrscheinlich zu denen, für die der gute Umgang mit den Finanzen kein Problem ist.

Doch normalerweise ist nur das exakte Wissen über die Ausgaben vorhanden, die explizit aus dem Kontoauszug hervorgehen, beispielsweise Miete, Versicherung oder Steuern. Vielleicht finden sich auch noch Kartenzahlungen vom Tanken und vom Einkauf darauf. Aber wohin ist das Geld geflossen, das bar abgehoben wurde? Dort steht dann nur »100 Euro abgehoben am Geldautomaten XY.« Was haben Sie dafür gekauft? Wenn Sie dies nicht mehr wissen, dann haben Sie über diesen Betrag keine Kontrolle.

Und auch die Kartenzahlung beim Einkauf im Supermarkt – wieso war die Summe so hoch und was haben Sie damals alles dafür gekauft?

Sie merken vielleicht schon, worauf das Ganze hinausläuft. Wer wissen will, wohin sein Geld fließt und wo es einfach so »versickert«, der benötigt detailliertere Informationen.

Ich würde Ihnen empfehlen, die Kassenzettel aufzuheben und Ausgaben ohne Kassenzettel ebenfalls zu notieren. Gerade das »Kleinvieh (hier ein Brötchen, da ein Kaffee, eine Zeitschrift, etwas Süßes ...) macht auch Mist«, das bedeutet, auch die kleinen Ausgaben läppern sich zu stattlichen Summen.

Falls Sie diese kleinen Summen nicht notieren wollen, sollten Sie darüber nachdenken, sich ein Extra-Portemonnaie zuzulegen, aus dem Sie all diese »Kleckerbeträge« entnehmen. Schätzen Sie ab, welche Summe Sie pro Monat dafür benötigen (z. B. 50 Euro), legen Sie diesen Betrag hinein, und schauen Sie, wie lange er reicht.

Sie werden erstaunt sein, wie hoch die Summe ist, die Sie für solche »Kleinigkeiten« ausgeben. Es ist wie bei einem tropfenden Wasserhahn, der tropfenweise Unmengen von Wasser verschwendet. Vielleicht halten Sie meinen Vorschlag für kleinlich und befürchten, dass ich Ihnen hier vorschlage, sich gar nichts mehr zu gönnen. Aber darum geht es nicht. Ich möchte Ihnen einfach nur deutlich machen, dass Sie auch solche Informationen benötigen, damit Sie sinnvolle Entscheidungen treffen können. Ohne genaue Information keine zuverlässige Entscheidungsgrundlage. Oft bergen diese Kleinbeträge riesige Sparpotenziale, die helfen können, Haushaltslöcher zu stopfen oder Schulden schneller zurückzuzahlen, ohne dass die Lebensqualität erheblich eingeschränkt wird. Denken Sie beispielsweise an die Einkaufstüten, die Sie jedes Mal teuer kaufen müssen, weil Sie nie eine Tasche oder einen Korb mitnehmen, oder an die belegten Brötchen vom Bäcker, die teuren Süßigkeiten an der Tankstelle, die Sie jedes Mal spontan kaufen, wenn Sie tanken, der teure Snack am Imbiss, weil Sie sich für Ihre Mittagspause keinen Apfel oder keine belegten Brote mitgenommen haben.

Lassen Sie uns diese Kleinigkeiten einmal für ein Jahr zusammenrechnen:

- Pro Woche 1 Euro für Einkaufstüten: 52,00 Euro.
- Pro Arbeitstag 2 Euro für ein belegtes Brötchen. Ein frisches Brötchen zu kaufen und es selbst zu belegen, kostet etwa 70 Cent. Das bedeutet eine Differenz von 1,30 Euro pro Arbeitstag. Bei etwa 200 Arbeitstagen pro Jahr macht das 260 Euro. Wenn Sie jedoch in Ihrer Mittagspause in die Pizzeria oder in ein Fast-Food-Restaurant gehen, ist die Summe unter Umständen wesentlich höher.
- Pro Woche dann noch einmal die Süßigkeiten an der Tankstelle, die dort teurer sind als im Supermarkt. Lassen Sie uns dafür 1 Euro pro Woche zusätzlich einrechnen. Dies sind 52 Euro pro Jahr.
- Die Snacks gegen den Heißhunger fallen dann vielleicht mit 5 Euro pro Woche zu Buche. Das macht 260 Euro.

Die einzelnen Ausgaben in diesem Rechenbeispiel sind für sich genommen gering und fallen kaum ins Gewicht. Der Gesamtbetrag beläuft sich jedoch auf 624 Euro pro Jahr, das sind 50 Euro monatlich, die gespart werden können, ohne dass Sie Ihren Lebensstil nennenswert einschränken müssten – beispielsweise für den Schuldenabbau, für eine bessere Altersvorsorge, für den neuen Kühlschrank etc.

Wenn Sie sich also einen guten Überblick über Ihren derzeitigen Standort verschaffen wollen, sollten Sie nicht nur Ihre Kontoauszüge sowie andere Unterlagen, die Ihre Finanzen betreffen (siehe Vorschlag zur Ordnerübersicht, S. 93), sammeln, sondern auch die Informationen über die Kleinbeträge sowie Kassenbons und Quittungen.

Das Wissen, wohin Ihr Geld fließt, ist Gold wert.

Mit Hilfe dieser Unterlagen kann der »Kassensturz« nun beginnen. Bestimmen Sie Ihren jetzigen Standpunkt und sammeln Sie Informationen, damit Sie eine gute Grundlage für die Entscheidungsfindung haben.

Wohin geht die Reise – Zielsetzung

Sie wissen jetzt, wo Sie stehen, oder zumindest, wie Sie dies herausfinden können. Und wahrscheinlich lesen Sie dieses Buch, weil Sie den Eindruck oder auch den Wunsch haben: *So kann es nicht weiter gehen!* Und es ist gut, dass dieser Wunsch da ist, denn ohne den Wunsch und die Einsicht, dass sich etwas verändern soll, wird niemand aktiv werden.

Wer nicht weiß, wo er hin will, der muss sich nicht wundern, wenn er ganz woanders ankommt.

Doch außer dem Wunsch nach Veränderung brauchen wir auch noch etwas anderes. Ein Ziel! Der Wunsch zur Veränderung kann uns in tausend verschiedene Richtungen führen. Alle Richtungen, die wir einschlagen, führen uns von dem Punkt weg, an dem wir uns befinden. Aber führt uns der Weg auch dorthin, wohin wir wollen? Oder verschlechtert sich alles?

Ziele sind eine Herausforderung und treiben uns zum Handeln an. Sie bringen uns in Bewegung. Man weiß, wohin man unterwegs ist und wofür man sich anstrengt. An dieser Stelle vollzieht sich ein Perspektivenwechsel: Statt »weg von« heißt es nun »hin zu«. Man weiß, welcher Endzustand erreicht werden soll.

»Der Langsamste, der sein Ziel nicht aus den Augen verliert, geht immer noch geschwinder als jener, der ohne Ziel umherirrt.«
Gotthold Ephraim Lessing

Doch das ist nur die halbe Wahrheit. Wenn Sie Ihr Ziel kennen, gehen Sie auch schneller darauf zu. Diesen Effekt können Sie sehr gut in den Einkaufsstraßen unserer Städte beobachten: Es gibt Menschen, die ohne Ziel bummeln und herumschlendern; sie schauen sich mal dies und mal jenes an. Sie wollen einfach nur shoppen, haben aber keine konkreten Ziele. Im Gegensatz dazu geht jemand, der ein konkretes Ziel hat – Geschäft XY, um dort eine bestimmte Sache zu kaufen –, wesentlich zügiger durch die Einkaufsstraße und lässt sich auch weniger ablenken.

Ein Ziel ist also wichtig. Und damit dieses Ziel auch erreichbar ist, muss es mehrere Kriterien erfüllen:

Formulieren Sie Ihre Ziele positiv!

Beschreiben Sie den Zustand, den Sie erreichen möchten, und nicht den, den Sie hinter sich lassen möchten.

Beispiele:

- Negatives Ziel: »Ich werde nicht einkaufen gehen.«
  Positives Ziel: »Beim Einkauf kaufe ich nur das, was auf meiner Liste steht.«

- Negatives Ziel: »Ich gehe nicht mehr mit meinen Freunden Essen. Das kostet jedes Mal zu viel Geld.«
  Positives Ziel: »Ich werde Möglichkeiten finden, wie ich mich mit meinen Freunden treffen kann, die weniger Geld kosten und bei denen wir trotzdem eine Menge Spaß haben.«

Formulieren Sie Ihre Ziele konkret und messbar!

Es ist ein Unterschied, ob Sie sich vornehmen, auf eine Art und Weise mit Ihren Finanzen umzugehen, dass Sie damit auskommen und Gott ehren. Oder ob Sie sich sagen: »Ich will in der Lage sein, Gott den Zehnten zu geben. Ich entscheide mich, mit meinem Gehalt auszukommen und keine neuen Schulden aufzunehmen. Ich will jeden Monat zusätzlich 100 Euro zur Seite legen können.«

Erkennen Sie den Unterschied? Die erste Formulierung des Zieles ist sehr allgemein gehalten. Es ist eine schöne Absichtserklärung; es ist ein allgemeines Ziel, das eine grundsätzliche Richtung vorgibt. Die zweite Formulierung beschreibt das Ziel konkreter. Sie enthält Prüfkriterien, anhand derer Sie messen können, ob Sie das Ziel erreichen und ob Sie sich immer auf dem Weg zum Ziel befinden.

Solche konkreten Formulierungen bewirken also, dass:

- die Ziele nachvollziehbar sind,
- die Ziele überprüfbar sind,
- Sie sich darauf konzentrieren können,
- Sie eine Entscheidungsgrundlage besitzen,
- Sie eine Grundlage für die Planung der konkreten Schritte haben.

Setzen Sie sich realistische Ziele!

Gute Ziele sind erreichbar; sie sind realistisch und liegen im Rahmen des Möglichen. Wenn Ihre Konsumentenkredite beispielsweise ein Jahresgehalt übersteigen, dann werden Sie wohl scheitern, wenn Sie sich vornehmen, innerhalb eines Jahres schuldenfrei zu sein. Wenn Sie sich solche unerreichbaren Ziele setzen, werden Sie rasch entmutigt sein. Aber wenn Sie sich beispielsweise das realistische Ziel setzen, diese Schulden innerhalb von vier Jahren abzuzahlen, werden Sie es vermutlich schaffen.

Haben Sie sich Ihr konkretes, erreichbares Ziel gesetzt und definiert, können Sie zum nächsten Punkt übergehen:

Verbinden Sie Ziele mit Aufgaben!

Nun können Sie sich daran machen, konkrete Schritte zu notieren. Wie wollen Sie Ihr Ziel erreichen? Durch die obige Konkretisierung haben Sie die genaue Adresse des Ortes festgelegt – das Haus, zu dem Sie wollen.

Nun brauchen wir noch eine Wegbeschreibung, um zu dem Ziel zu kommen. In welchen Schritten wollten Sie das Ziel erreichen? Was werden Sie dafür tun?

In unserem Beispiel könnte das folgendermaßen aussehen: Sie sind sich bewusst, dass Sie Ihren Umgang mit den Finanzen nicht von heute auf morgen ändern können, und verfolgen deshalb folgende Strategie:

1. Situationsanalyse.
2. Vermeiden Sie Situationen, die Sie zum Geldausgeben verführen.
3. Entdecken Sie kurzfristige Sparpotenziale, die sofort greifen. Nutzen Sie diese, um mit dem Spenden anzufangen und einen Teil des Geldes zur Seite zu legen.
4. Finden Sie weitere Sparpotenziale, die Sie z. B. durch die Umstellung von Verträgen oder Lebensgewohnheiten

erreichen können. Bis zu welchem Zeitpunkt wollen Sie diese vertraglichen Dinge klären, ab wann Ihre Lebensgewohnheiten ändern? Wenn Sie die Verträge umgestellt haben, sind Sie vielleicht in der Lage, im Monat den vollen Zehnten zu geben und 100 Euro zusätzlich zu sparen.

Dieser Weg dient nur als allgemeines Beispiel, um Ihnen zu verdeutlichen, wie das Verfahren grundsätzlich funktioniert. Je nach individueller Situation und je nach konkretem Ziel, auf das Sie sich zubewegen, ist der Weg unterschiedlich.

Beschreiben Sie Ihr Ziel positiv, konkret, messbar und realistisch. Dann haben Sie eine gute Chance, es zu erreichen.

Wichtig ist nur, dass Sie eine Vorstellung davon bekommen, auf welchem Wege Sie das Ziel erreichen wollen. Dabei kann es dann immer noch zu Umwegen und Umleitungen kommen, aber solange Sie wissen, wohin Sie wollen, werden Sie sich weiter in die richtige Richtung bewegen.

Von der Freiheit

»Ich hasse es, Pläne zu machen. Ich bin eben ein spontaner, intuitiver, kreativer ... Mensch!«

Kennen Sie solche Gedanken? Pläne, Haushaltsplan, Budget – all das klingt nach mausgrauen Buchhaltern, nach Erbsenzählern.

»Ich liebe es, spontan zu sein!«

Ich auch! Ich muss Ihnen an dieser Stelle ehrlich gestehen, dass ich es früher auch gehasst habe, Pläne zu machen, denn ich hatte das Gefühl, dass sie mich einengten und meine Freiheit beschnitten. Doch dann erkannte ich, dass Pläne im Grunde eine vorweggenommene Entscheidung sind. Wenn ich sie richtig einsetze, dann helfen und dienen sie mir. Sie schaffen neue Freiräume.

Lassen Sie uns das anhand von zwei Beispielen aus anderen Bereichen deutlich machen:

Garderobe

Bei der Auswahl und dem Kauf meiner Garderobe konzentriere ich mich auf Farben, von denen ich weiß, dass sie mir gut stehen, und dabei auch hauptsächlich auf die Basisfarben. Das ist zunächst eine Einschränkung, weil damit viele Kleidungsstücke von vornherein ausgeschlossen werden. Dennoch führt es ebenfalls dazu, dass fast alle Kleidungsstücke sehr gut miteinander kombinierbar sind und es daher viele verschiedene Kombinationsmöglichkeiten gibt. So sparen Sie Platz im Kleiderschrank, Zeit für die Auswahl und viel Geld. Das Reisegepäck wird auch leichter, weil durch die Kombinationsmöglichkeiten nicht so viel Kleidung benötigt wird.

Wenn Sie also eine grundsätzliche Entscheidung fällen und einen Plan für die Garderobengestaltung aufstellen, bedeutet dies zunächst eine Einschränkung, führt aber in einem zweiten Schritt zu mehr Freiheit. Sie verhindern außerdem, dass Sie zum Spielball der Verkäuferinnen im Modegeschäft werden, denn Sie wissen nun genau, was Sie wollen.

Hausarbeit

Einen Haushalt könnte man jeden Tag einmal von oben bis unten putzen und am nächsten Tag gleich wieder von vorne anfangen. Wenn wir keinen Plan aufstellen, haben wir immer den Eindruck, dass uns die Arbeit regelrecht anspringt: »Hier bin ich – erledige mich, und zwar sofort!«

Das führt dann dazu, dass Sie sich verzetteln, bis zur Erschöpfung arbeiten und wirklich wichtige Aufgaben übersehen.

Ein Plan ermöglicht es Ihnen, die Aufgaben auszuwählen und zu beschränken. Ein Plan ermöglicht es Ihnen, die Kontrolle über die Aufgaben zu übernehmen und sich nicht mehr von den Aufgaben kontrollieren zu lassen.

Und das gilt für jede Art von Arbeit. Mehr Tipps dazu finden Sie in Büchern zum Thema »Zeitmanagement«.

Wichtig bei all diesen Plänen ist, dass wir sie in einem Maße einsetzen, das uns dient. In diesem guten Maße sind Pläne sinnvoll und schaffen uns Freiräume.

Genauso verhält es sich mit einem Haushalts- oder auch Budgetplan. Er spiegelt unsere Ziele und unsere Situation wider. In ihm schlagen sich die Entscheidungen nieder, die sinnvoll sind und die wir in Ruhe zu Hause getroffen haben. Ruft uns jetzt irgendeine Ware aus dem Prospekt, im Schaufenster, im Laden oder in der Werbung zu: »Kauf mich, nimm mich mit, du musst mich haben!«, fangen wir nicht erst in diesem Augenblick an, über diese Anschaffung nachzudenken. Die Entscheidung wurde schon in Ruhe zu Hause getroffen – das Kleidungsstück, die CD etc. passt nicht ins Budget –, also kommt die Anschaffung nicht in Frage. Oder wir haben zu Hause die Entscheidung gefällt, dass dieser Artikel ins Budget passt und wirklich genau das ist, was wir benötigen. Dann können wir es mit gutem Gewissen kaufen.

All diesen Kaufsignalen, denen wir den ganzen Tag lang ausgesetzt sind, können wir nun eine bewusste Entscheidung entgegenhalten. Wie wichtig das ist, können Sie an einem ganz einfachen Beispiel einmal testen.

Erstellen Sie einen Einkaufszettel, nehmen Sie ihn zum Einkaufen mit und halten Sie sich exakt daran. Probieren Sie es in der folgenden Woche ohne. Die Wahrscheinlichkeit, dass Sie ohne Einkaufszettel mehr Geld ausgeben, als Sie wollten, und dann letztendlich das, was Sie wirklich benötigen, doch nicht gekauft haben, ist sehr hoch!

Gute Pläne sind vorweggenommene Entscheidungen und führen zu mehr Freiheit.

Wir werden planmäßig verführt und manipuliert. Die einzige Möglichkeit, dies zu verhindern, ist eine Planung, die uns hilft, wieder die Kontrolle zu übernehmen, weil sie erfolgt, bevor wir der Verführung ausgesetzt werden. Und somit ist ein Budget ein Werkzeug, das Freiheit schenkt, denn es schützt vor Manipulation und hilft, selbstbestimmter zu entscheiden.

Ordner-Übersicht

Sie können sich nur dann eine gute Übersicht über Ihre aktuelle Finanzlage verschaffen und einen Haushaltsplan aufstellen, wenn Ihre Unterlagen geordnet sind. Sie erhalten nicht nur eine bessere Übersicht, wenn Sie Ihre Papiere ordnen, sondern es hat auch den angenehmen Nebeneffekt, dass Sie das Gefühl bekommen, wieder mehr Kontrolle über Ihre Finanzen zu haben. Sind die Papiere chaotisch und ungeordnet, führt das oft zu einer nebulösen Angst: »Was mag sich in den Untiefen der Papierstapel verbergen und mir schaden?«

Hinzu kommt, dass oft bestimmte Informationen benötigt werden und dann schnell verfügbar sind – sei es für die Steuererklärung für das Finanzamt, die Selbstauskunft für die Bank, die Daten für das Sozialamt. Wie viele Anträge auf Lohnsteuerjahresausgleich werden wohl nicht abgegeben, weil jemand auf Grund der chaotischen Unterlagen den Arbeitsaufwand scheut?

Sie merken schon: Wenn in Ihren Finanzunterlagen keine Ordnung herrscht, führt dies zu Zeit- und auch zu Geldverlust. Zeit wird vergeudet, weil Unterlagen immer wieder gesucht werden. Geld wird verschenkt, weil Termine nicht eingehalten werden, Rechnungen untergehen und zu spät bezahlt, Steuervorteile und Förderungen nicht rechtzeitig oder gar nicht beantragt werden.

Aus diesem Grunde möchten wir Ihnen auch einige Tipps und Vorschläge für die Ablage Ihrer Finanzunterlagen mitgeben:

Bank

- Kontounterlagen (Kontoeröffnung etc.)
- Kontoauszüge
- Kreditkartenvertrag
- Kreditkartenkontoauszüge
- Sparbuchunterlagen/Auszüge
- Sparverträge
- Depot
- Wertpapiere
- Anlagen
- Kredite

Arbeit

- Arbeitsvertrag und Briefwechsel mit dem Arbeitgeber
- Gehaltsabrechnungen/Urlaubszettel
- Sozialversicherungen
- Steuer

Wohnung

- Mietvertrag
- Nebenkosten
- Rechnungen für Einrichtung und technische Geräte
- Korrespondenz

bei Eigentum
- Kaufvertrag
- Grundbuch
- Darlehensverträge
- Bauunterlagen
- Steuerunterlagen
- Abgaben
- Nebenkosten
- evtl. Gebäudeversicherung

Versicherungen

- Haftpflicht
- Krankenkasse
- Hausrat
- KFZ
- andere Versicherungen

Auto

- Kaufvertrag
- Werkstattkosten
- Rechnung/Tüv etc.
- Steuern
- evtl. Finanzierung

- Einkaufsbons
- Benzinquittungen
- Krankenkasse/Zuzahlungen
- Notizen über andere Ausgaben
- Budgetplan
- Aufzeichnungen zum Budgetplan
- Steuererklärung

Dies ist nur ein Vorschlag, wie Sie Ihre Unterlagen ordnen könnten. Wichtig ist, dass Sie sich Gedanken über eine Übersicht machen und eine einheitliche Strukturierung erstellen. Beschriften Sie nicht nur die Ordner, sondern erstellen Sie auch eine Gesamtübersicht und heften Sie diese auf die erste Seite des Ordners. Wenn Sie nun Unterlagen suchen oder abheften wollen, können Sie anhand der Gesamtübersicht erkennen, wo diese Unterlagen zu finden sind oder abgeheftet werden sollten. Fehlt eine Rubrik, können Sie sie auf der Gesamtübersicht ergänzen und neu anlegen.

Investieren Sie in die notwendigen Ordner, und genießen Sie das positive Gefühl, genau zu wissen, wo Sie welche Unterlagen finden. Probieren Sie es aus – es lohnt sich!

Kapitel 5

Von der Theorie zur Praxis

von Berit Hein

Der Budgetplan

In den vorangegangenen Kapiteln ging es um die richtige Einstellung, die fünf verschiedenen Finanzbereiche des Lebens und das grundsätzliche Handwerkszeug für die Handhabung Ihrer Finanzen.

All das, was Sie gelernt und erfahren haben, ist wichtig und Voraussetzung für den nun folgenden Teil des Buches – die Erstellung Ihres Haushaltsplans. In ihn fließen viele Bestandteile ein – das Wissen um Ihre derzeitige Situation, die veränderte Einstellung, der Schuldenrückzahlungsplan, die verschiedenen Sparformen und, und, und ...

Sie werden innerhalb kürzester Zeit erfahrungsgemäß mindestens drei unterschiedliche Versionen dieses Planes erstellen: Erstens benötigen Sie einen Plan, um Ihre derzeit bestehende Ausgabenstruktur zu ordnen und zu analysieren. Zweitens werden Sie einen Plan erstellen, der darüber Aufschluss gibt, wie sich das Budget in Zukunft entwickeln soll. Drittens wird es mindestens eine korrigierte Fassung dieses Planes geben, weil es zunächst nicht einfach ist, bestimmten Bereichen dieses Planes gleich die realistischen Summen zuzuordnen. Das ist ein ganz normaler Vorgang bei der Planung eines Budgets. Zunächst werden Vermutungen angestellt, dann werden diese anhand der Realität überprüft. Dieser Vorgang erfolgt auch in Firmen und Betrieben, die eine ausgeklügelte Kostenrechnung haben. Zusätzlich zu dieser korrigierten Fassung wird sich Ihr Budgetplan jedes Mal ändern, wenn sich Ihre finanzielle Situation ändert.

Sie fragen sich jetzt vielleicht, warum Sie sich mit Ihrem Budget beschäftigen sollen, wenn die einzelnen Summen doch noch nicht korrekt, sondern vielmals auch variabel sind.

Dafür sprechen mehrere Gründe:

- Sie setzen sich mit Ihren eigenen Finanzen auseinander und bekommen einen Überblick über Ihre tatsächliche Situation.
- Sie treffen Entscheidungen schon im Vorfeld, nicht erst, wenn Sie mit einer bestimmten Situation konfrontiert werden.
- Und das wichtigste Argument zum Schluss: Sie werden schon frühzeitig erkennen, ob Ihre Finanzen aus dem Gleichgewicht geraten werden. So können Sie schon frühzeitig gegensteuern und müssen nicht warten, bis Ihnen Ihr Kontoauszug ein dickes Minus anzeigt – oder gar die Sperrung Ihrer Kreditkarte. Der Haushaltsplan ist ein Frühwarnsystem für Sie. Sie werden gewarnt, können Ihr Verhalten ändern und gravierende Konsequenzen vermeiden. Ein Budgetplan ist also ähnlich wie eine regelmäßige Autoinspektion, die Ihren Wagen vor großen Schäden bewahrt, weil kleine Mängel entdeckt und frühzeitig behoben werden.

Dieser Budgetplan ist also ein wichtiges Werkzeug, das es Ihnen ermöglicht, Ihre Finanzen zu kontrollieren, bevor sie Sie kontrollieren. Der Budgetplan:

- hilft Ihnen, Ihre finanziellen Ziele zu erreichen.
- bedeutet zunächst eine Begrenzung, die dann Freiheit bringt.
- zeigt Ihnen den aktuellen Stand.
- verhindert Verschwendung.
- spiegelt Ihre Einstellungen und Prioritäten wider.

Alle diese Punkte verdeutlichen, dass der Plan ein wichtiges, zentrales Werkzeug für jede finanzielle Situation ist und nicht nur für Haushalte, die sich in einer schwierigen finanziellen Lage befinden.

Der Budgetplan – ein tolles Werkzeug! Ein Aufwand, der sich lohnt!

Auf Seite 100–101 finden Sie einen Vorschlag für ein Budgetplan. Die angegebenen Prozente sollen Ihnen bei der Aufteilung des Einkommens helfen. Dennoch handelt es sich dabei nur um unverbindliche Richtwerte, die Ihnen einen grundsätzlichen Eindruck von einer sinnvollen Verteilung geben sollten.

Sie können die einzelnen Posten Ihren Bedürfnissen anpassen. Die Erarbeitung des Budgetplans erfolgt also grundsätzlich nach folgenden Schritten:

- Prüfen Sie Ihre eigenen finanziellen Einstellungen: Welche Aussagen der Gesellschaft beeinflussen Sie? Welche Maximen bestimmen Ihr Handeln?
- Setzen Sie sich mit den biblischen Prinzipien für Ihre Finanzen auseinander. In welchem Bereich müssen Sie Veränderungen vornehmen? Was wollen Sie als Erstes unternehmen?
- Sammeln Sie Informationen über Ihre aktuelle Situation und berücksichtigen Sie diese in der ersten Version Ihres Budgetplans – die Situationsanalyse bzw. der Ist-Zustand.
- Entscheiden Sie sich für ein Aufzeichnungssystem, aus dem Sie ersehen können, wohin Ihr Geld fließt.
- Überarbeiten Sie Ihren Haushaltsplan, und führen Sie Aufzeichnungen nach dem System durch, für das Sie sich entschieden haben.
- Überprüfen Sie Ihren Plan regelmäßig und führen Sie entsprechende Korrekturen durch. Erhöhte Ausgaben in einem Bereich werden durch niedrigere Ausgaben in einem anderen Bereich ausgeglichen.

Verdienst/ Einkommen pro Monat	jeweilige Summe
Gehalt 1	
Gehalt 2	
staatliche Zuschüsse	
private Zuschüsse	
andere Einkünfte	
Gesamtsumme der Einnahmen	

Ausgabenart und Prozentsatz	jeweilige Summe
1. Spenden	
Gemeinde	
andere Organisationen	
2. Sparen 5–10 %	
Notfälle	
Ersatz für technische Geräte etc.	
langfristig	
3. Schulden 0–10 %	
Kreditkartenkonto	
Dispokredite	
Ratenkredite	
Ausbildungskredite	
Versandhäuser	
weitere Kredite	
Familie/Freunde	
andere	
4. Wohnen/Miete 25–30 %	
Darlehen/Steuern/ Miete	
Unterhaltung/ Reparaturen	
Nebenkosten: – Strom	
– Wasser	
– Heizung/Gas	
– Müll	
– Telefon/ Internet	
– GEZ/Kabelfernsehen	
– andere	
5. Auto/Fahrtkosten 12–15 %	
Finanzierungsraten	
Benzin/Parkgebühren	
öffentliche Verkehrsmittel	
Wartung und Reparaturen	

Ausgabenart und Prozentsatz	jeweilige Summe
6. Versicherung 5 %	________
Auto	________
Gebäude	________
Haftpflicht	________
Berufsunfähigkeitsversicherung	________
Lebensversicherung	________
private Krankenversicherungen	________
andere	________
	________
7. Haushalt/Persönliches 15–25 %	________
Lebensmittel	________
Kleidung/Reinigung	________
Geschenke	________
Haushaltsartikel	________
Persönliches: – Genussmittel	
– Kosmetik	________
– Friseur	________
– andere:	________
– Bücher/Zeitschriften	________
– Taschengeld	________
– Musikunterricht	________
– Computer	________
– Schule	________
– Verschiedenes	________
	________

Ausgabenart und Prozentsatz	jeweilige Summe
8. Unterhaltung/Freizeit	________
Ausgehen: – Essen	________
– Kino/Veranstaltungen	________
– Babysitter	________
Reisen	________
Hobbys	________
Fitness/Sport	________
andere	________
	________
9. Professionelle Dienstleistungen 5–15 %	________
Kinderversorgung	________
Arzt/Zahnarzt/Medikamente	________
andere	________
	________
10. Verschiedene Barausgaben 2–3 %	________
	________
Gesamtausgaben	________
monatliches Gesamteinkommen	________
abzügl. Gesamtausgaben	________
zur Verfügung stehende Summe	________

Tipps zur Umsetzung des Planes

Nachdem Sie nun eventuell schon einen Budgetplan erarbeitet haben, benötigen Sie natürlich auch ein Kontrollinstrument, mit dessen Hilfe Sie überprüfen können, ob Ihre Ausgaben sich im Rahmen des Planes bewegen.

Dafür benötigen Sie ein *Aufzeichnungssystem.* Da dieses Energie und Zeit kostet, hier nochmals die Vorteile, die es mit sich bringt:

- Es liefert genaue Daten, die zeigen, wohin das Geld wirklich fließt.
- Es bietet eine gute Gesprächsgrundlage. Bei Diskussionen über die Finanzen kann man auf Tatsachen zurückgreifen und nicht auf persönliche Meinungen und Vermutungen.
- Abweichungen werden frühzeitig erkannt und Korrekturen können rechtzeitig eingeleitet werden.
- Es fördert einen verantwortungsvollen Umgang mit dem Geld, denn wenn man weiß, dass man seine Ausgaben dokumentieren wird, überlegt man sich eher, ob man das Geld wirklich ausgeben wird.

Nachdem Sie nun einige Vorteile kennen gelernt haben, verraten wir Ihnen auch noch, dass die Aufzeichnungssysteme:

- einfacher sind, als Sie denken,
- wenig Zeit kosten,
- keine höheren mathematischen Kenntnisse erfordern.

Grundsätzlich würden wir Ihnen eines der drei folgenden Aufzeichnungssysteme empfehlen:

- Briefumschläge,
- handschriftlich geführte Tabelle,
- elektronische Aufzeichnungssysteme.

Dieses System kennen Sie vielleicht als Keksdosensystem von Ihren Großeltern. Geld wurde in Dosen gelegt und für bestimmte Zwecke zur Seite gestellt. Wenn dann Ausgaben anstanden, zeigte ein Blick in die entsprechende Keksdose, ob genügend Geld dafür da war oder nicht.

Das Briefumschlagssystem funktioniert ähnlich. Sie legen für die unterschiedlichen Kategorien in Ihrem Budgetplan je einen Briefumschlag an, und schreiben die Summe darauf, die zur Verfügung steht.

Natürlich gibt es auch Kategorien, für die Sie keinen Briefumschlag anlegen. Das sind zum Beispiel die Miete, Hausraten, Kreditraten und ähnliches. Alle festen Kosten, die direkt vom Konto abgebucht werden, bei denen also kein Bargeld fließt, benötigen keinen Umschlag. Hier haben Sie anhand des Kontoauszugs die Kontrolle.

Ein Tipp: Wenn Sie feste Kosten haben, die nicht monatlich abgebucht werden – z. B. diverse Versicherungen –, so bietet es sich an, den monatlichen Durchschnittsbetrag auszurechnen und das Geld per Dauerauftrag auf ein Sparbuch oder ein verzinsliches Konto zur Seite zu legen. Lassen Sie das Geld sofort nach dem Gehaltseingang abbuchen, damit es Ihnen gar nicht erst einen allzu positiven Kontostand vorspiegelt. Wenn dann die Versicherungen bezahlt werden müssen, können Sie das Geld rechtzeitig umbuchen.

Für alle anderen anfallenden Ausgaben sollten Sie Briefumschläge anlegen. Notieren Sie sich die Summe und legen das Geld hinein. Nun können Sie aus diesen Umschlägen das Geld zum Bezahlen der jeweiligen Dinge entnehmen und die Quittungen hineinlegen.

Das ist ein sehr einfaches System, das sich nicht nur für die ersten Schritte eignet, sondern für alle, die eine einfache Vorgehensweise vorziehen.

Eine handschriftlich geführte Tabelle

Dafür benötigen Sie zwei verschiedene Tabellen. In einer Tabelle listen Sie alle festen monatlichen Posten auf, die vom Konto gebucht werden, und notieren sie anhand der Kontoauszüge. In der zweiten Tabelle listen Sie die variablen monatlichen Kosten aus Ihrem Budgetplan auf. Jetzt notieren Sie Tag für Tag, wie viel Sie ausgegeben haben. Am Ende der Tabelle notieren Sie die geplante Summe und stellen einen Vergleich an.

Dies ist nur ein Ausschnitt aus einer Tabelle. Er soll Ihnen das Prinzip verdeutlichen. Sie entscheiden durch Ihren Budgetplan, zwischen welchen und wie vielen Kategorien Sie unterscheiden.

Dieses System erscheint auf den ersten Blick sehr kompliziert, aber Sie benötigen *nur zwei bis drei Minuten* pro Abend, um diese Liste auszufüllen. Ein geringer Zeitaufwand für den positiven Effekt, den Sie dadurch erreichen.

	Transport		Haushalt		Unterhaltung				
Datum	Auto	öffentl. Verkehrsmittel	Lebensmittel	Kleidung	Persönliches	Essen gehen	Veranstaltungen	Reise	anderes
geplante Summe									
gesamt									
mehr/weniger									
Saldo vom Vormonat									
Jahressumme									

Elektronische Aufzeichnungssysteme

Diese Systeme sind etwas für die Computerfreunde unter Ihnen. Sie haben die Möglichkeit, selbst Tabellen anzulegen oder sich entsprechende Software zu kaufen. Nach der Einrichtung des Programms ist der Zeitaufwand ähnlich wie bei der handschriftlichen Aufzeichnung. Allerdings ermöglichen solche Systeme oft eine schnellere Auswertung und eine gute grafische Darstellung der Ergebnisse.

Entscheiden Sie sich für ein Aufzeichnungssystem!

Der Rückfall – zwei Schritte vor und einer zurück

In diesem Buch geht es um Finanzen – aber letztendlich auch um eine dauerhafte Veränderung von Verhalten. Und eine solche Veränderung ist meist ein hartes Stück Arbeit. Aus diesem Grund darf auch ein Kapitel über Rückfälle nicht fehlen, denn es spiegelt unser Menschsein wider.

Sie kennen das bestimmt: Sie lesen ein Buch und darin steht: »Wenn diese Sache so und so gemacht wird, erreichen Sie dies und jenes.« Euphorie und Begeisterung machen sich breit. Voller Tatendrang machen wir uns an die Veränderung und fassen neue, gute Vorsätze.

Eine Zeit lang halten wir die neue Ernährung, das Laufprogramm, das Raucherentwöhnungsprogramm oder auch den veränderten Umgang mit den Finanzen durch. Dann ein kurzer Moment der Unaufmerksamkeit, eine besondere Stresssituation, anstrengende Umstände ... und schon fallen wir wieder in alte Verhaltensmuster zurück.

Stellen Sie sich darauf ein, dass es Rückfälle geben wird, denn der veränderte Umgang mit den Finanzen ist Verhaltenstraining. Und Rückfälle gehören dazu (ich habe sie oft genug erlebt).

Hier ein paar Tipps zum Umgang mit Rückfällen:

- Klagen Sie sich nicht an, verdammen Sie sich nicht, sondern sehen Sie den Rückfall als Chance, etwas zu lernen, und als Signal, dass Sie etwas ändern sollten.
- Legen Sie eine Liste an, in der Sie notieren, wann Sie rückfällig geworden sind und wie viel es Sie gekostet hat. Ziel dieser Liste ist es zu entdecken, dass der Abstand zwischen den Rückfällen immer größer und der Schaden immer geringer wird.
- Nehmen Sie sich ein wenig Zeit, um zu überlegen, was zum Rückfall geführt hat. Sind Sie zum Beispiel einkaufen gegangen, um Frust abzubauen, weil Sie beruflich unter Stress standen? Dann überlegen Sie, was Sie in Zukunft stattdessen tun könnten – z. B. in Ruhe einen Kaffee trinken oder eine gute Freundin besuchen und sich aussprechen.
- Verwenden Sie den Einkauf als Ersatzbefriedigung für mangelnde Liebe, dann arbeiten Sie an Ihren Beziehungen, und überlegen Sie, was sie tun können, um sie zu verbessern.
- Sind Sie ohne Einkaufszettel losgegangen, weil Sie keine Zeit mehr hatten, eine Liste zu erstellen, dann überlegen Sie, ob Sie diese unter Umständen früher (am Tag zuvor) oder schon während der Woche erstellen können. Vielleicht könnten Sie auch eine Art Dauereinkaufszettel erstellen, auf dem die wichtigsten Dinge – Artikel, die Sie immer wieder benötigen – notiert sind und angekreuzt werden. Extras werden dann handschriftlich hinzugefügt. Ein solcher Einkaufszettel lässt sich prima mit Hilfe eines

Computers erstellen – vielleicht wollen die Kinder das für Sie übernehmen?

- Achten Sie auf die irrigen Gedanken und Überzeugungen, die Ihnen durch den Kopf schießen: »Das schaffe ich doch nie!«, »Das klappt doch nicht!«, »Ich habe gestern versagt und werde heute wieder versagen!« oder: »Ich bin nun mal eben so. Ich bin genau wie ... und die oder der konnte auch nicht mit Geld umgehen. Das ist alles Vererbungssache.« Solche Gedanken engen Sie ein, rauben Ihnen die Kraft und stecken Sie in Schubladen. Begegnen Sie diesen Lügen mit dem Wort Gottes, das Ihnen immer wieder sagt, dass Veränderung wirklich möglich ist und Sie diesen Prozess nicht alleine durchmachen müssen:
  - *»Ich bin ganz sicher: Gott wird das gute Werk, das er bei euch angefangen hat, auch vollenden bis zu dem Tag, an dem Jesus Christus kommt«* (Philipper 1,6).
  - *»Dann sagte der, der auf dem Thron saß: ›Gebt Acht, jetzt mache ich alles neu‹«* (Offenbarung 21,5).
  - *»Werft nur jetzt eure Zuversicht nicht weg, die doch so reich belohnt werden soll!«* (Hebräer 10,35).
  - *»Allem bin ich gewachsen durch den, der mich stark macht«* (Philipper 4,13).
- Suchen Sie sich Menschen, die Sie auf Ihrem Weg zu einem veränderten Finanzverhalten unterstützen, die Sie ermutigen, aufbauen und Ihnen über die Durststrecken hinweghelfen.
- Sprechen Sie mit Menschen, die diesen Bereich ihres Lebens bereits erfolgreich verändert haben, und fragen Sie sie nach Tipps und Erfahrungen. Lassen Sie sich von ihnen erzählen, wie sie mit Schwierigkeiten fertig geworden sind.
- Sprechen Sie nicht mit Menschen darüber, die alles negativ sehen und Sie nicht unterstützen oder die selbst unbe-

wältigte Probleme in diesem Bereich haben und sich nicht verändern wollen.

- Nutzen Sie die Chance, und machen Sie bei einem Finanzseminar in Ihrer Gemeinde mit, wenn dies angeboten wird, und lassen Sie sich vom Leiter und den Teilnehmern ermutigen, am Ball zu bleiben.
- Erfolgreich sein besteht nicht darin, nie hinzufallen, sondern immer wieder aufzustehen und es neu zu versuchen.
- Denken Sie daran, dass Sie wertvoll und von Gott geliebt sind.

Also bleiben Sie dran – Gott traut es Ihnen zu!

Kapitel 6

Good Sense und die Gemeinde

von Jörg Ahlbrecht

Am Anfang dieses Buches war die Rede von einem Traum. Ich möchte Sie in diesem Kapitel einladen, noch einmal zu träumen!

Stellen Sie sich einmal vor, dass Ihre Gemeinde ein Ort wäre, an dem Menschen mit ihrem Geld so umgehen, dass Gott dadurch geehrt wird.

Stellen Sie sich vor, dass in Ihrer Gemeinde regelmäßig darüber gelehrt wird, wie man richtig mit »Geld« umgeht. Und zwar nicht nur so, dass man hin und wieder darauf hinweist, dass der Zehnte ein biblisches Prinzip ist, sondern so, dass Menschen permanent ermutigt werden, den Umgang mit ihrem Geld als Teil ihres geistlichen Lebens zu verstehen, als Ausdruck ihrer Beziehung zu Gott.

Stellen Sie sich vor, die Menschen in Ihrer Gemeinde würden mehr und mehr begreifen, dass alle Dinge Gott gehören. Und dass wir nur die Verwalter sind, denen Gott all das zur Verfügung stellt (denken Sie an die Geschichte mit der Perle in Kapitel 1).

Stellen Sie sich vor, was wäre, wenn es in Ihrer Gemeinde ein Kursangebot gäbe, das Menschen ganz praktisch hilft, ein Budget aufzustellen, ihre Finanzen zu planen und Schritt für Schritt einen Lebensstil zu entwickeln, der von finanzieller Freiheit und Großzügigkeit geprägt ist. Stellen Sie sich vor, dass es für die Menschen in Ihrer Gemeinde immer selbstverständlicher wird, das zu teilen, was sie haben.

Stellen Sie sich einen Unternehmer vor, der seine Halle der Gemeindearbeit zur Verfügung stellt, weil er den Eindruck hat, Gott möchte das. Stellen Sie sich ein Ehepaar vor, das fröhlich den Zweitwagen an Familien verleiht, die kein Auto haben. Stellen Sie sich eine Arztfrau vor, die in der Gemeinde Kinderkleidung sammelt und diese dann allein erziehenden Müttern zur Verfügung stellt.

Stellen Sie sich einen Steuerberater vor, der unentgeldlich eine Familie berät, die Sozialhilfe bekommt. Oder eine Witwe, die einen Teil ihrer Rente dazu einsetzt, um den Kindern der arbeitslosen Nachbarn ein paar Schuhe zu kaufen.

Stellen Sie sich einen Bankangestellten vor, der einem Ehepaar hilft, das überschuldet ist!

Stellen Sie sich einen Manager vor, der sich persönlich das Ziel setzt, seinen Gewinn jedes Jahr um 10 Prozent zu steigern, um ihn an die Gemeinde abgeben zu können.

Was würde in Ihrer Gemeinde passieren, wenn all das Wirklichkeit würde? Wie würden sich die Mitglieder Ihrer Gemeinde entwickeln? Wie würde Ihre Gemeinde auf die Umgebung einwirken, in der sie existiert? Malen Sie sich dieses Bild ruhig einmal einen Moment aus!

Und was würde wohl geschehen, wenn es überall im Land solche Gemeinden gäbe?

Jesus hat erstaunlich oft über Geld gesprochen. In der Begegnung mit der armen Witwe und dem reichen Jüngling, im Zusammenhang mit Sorgen und Ängsten, bei der Frage danach, was im Mittelpunkt unseres Lebens steht (wo unser Schatz ist). Er hat über Steuern gesprochen, über Kostenkalkulation, über das Verleihen von Geld und über das Schuldenproblem.

Heute ist Geld in Gemeinden häufig ein Tabuthema (abgesehen von Spendenaufrufen) und wird in den Bereich des Privatlebens einsortiert. Immer nach dem Motto: »Was ich mit meinem Geld mache, geht allein mich etwas an!« Oder, schlimmer noch: »Über Geld spricht man nicht, Geld hat man!« Aber immer mehr Menschen haben eben keines oder nicht viel. Und immer weniger scheinen zu wissen, wie man richtig damit umgeht.

Vielleicht müssen unsere Gemeinden in der heutigen Zeit dringender denn je einen Dienst ins Leben rufen, der Menschen im Bereich ihrer Finanzen ganz konkret an die Hand nimmt. Der Menschen eine Grundlage gibt, auf der Großzügigkeit und Stabilität wachsen können. Der Menschen die biblischen Prinzipien zum Thema »Geld« auf praktische und umsetzbare Weise vermittelt.

Was passiert, wenn Gemeinden einen »Finanzdienst« wie das Programm *Good Sense* ins Leben rufen und beginnen, Menschen die biblischen Prinzipien im Umgang mit Geld zu vermitteln:

1. Sie helfen ihren Mitgliedern, geistlich zu wachsen. Der Umgang mit unserem Geld zeigt wie kaum eine andere Sache, was wir *wirklich* glauben und welchem Herrn wir *wirklich* dienen. Wer sein Leben darauf ausrichtet, durch den Umgang mit Geld Gott Ehre zu bereiten, macht deutlich, von wem das Leben kommt.
2. Sie helfen Menschen, die Prioritäten richtig zu setzen. Viele Christen sagen zwar, dass Gott ihnen Leben in Fülle schenkt, sie leben aber so, als käme das Leben doch eher vom Lottogewinn. Doch die Wahrheit ist, dass es nirgendwo sonst Leben in Fülle gibt als bei Jesus allein!
3. Sie helfen Menschen, aus der Schuldenfalle herauszukommen, bzw. gar nicht erst hinein zu geraten. Die »Kauf jetzt – bezahl später«-Mentalität greift um sich wie ein Geschwür – und führt immer mehr dazu, dass Menschen die Kontrolle über ihre Finanzen verlieren. Ein Finanzdienst in der Gemeinde kann an dieser Stelle gegensteuern.

4. Sie helfen ihrer Gemeinde dabei, mehr Geld und Ressourcen zur Verfügung zu haben. Ständige Finanzprobleme, immer erneute Spendenaufrufe, weil der Haushalt hinter den Erwartungen zurückbleibt – all das muss nicht sein. Wenn wir den Menschen in der Gemeinde dabei helfen, durch ihren Umgang mit Geld Gott zu ehren, wird dies in den meisten Fällen zu einem natürlichen Anstieg des Gemeindehaushaltes führen.
5. Sie helfen Menschen dabei, einen großzügigen Lebensstil zu entwickeln – einen Lebensstil, der zunehmend frei von den materiellen Versuchungen ist. Geld wird als das angesehen, was es ist: ein Mittel zum Zweck, das Gott uns anvertraut. Und dies wird die Ausstrahlungskraft ihrer Gemeinde enorm verstärken.
6. Sie helfen reichen Menschen, das ihnen anvertraute Geld für etwas zur Verfügung zu stellen, das den Einsatz wirklich wert ist. Sie können einem reichen Menschen keinen besseren Dienst tun, als ihn dazu herauszufordern, sein Geld in den Dienst des Reiches Gottes zu stellen. Jesus sagt uns sehr klar: Wem viel anvertraut ist, von dem wird auch viel gefordert werden.

John Ortberg hat in einer Predigt einmal folgendes Bild gemalt: Stellen Sie sich vor, Sie haben Ihr Leben hinter sich und kommen im Himmel an. Sie befinden sich in einem Raum, in dem zwei Stühle stehen. Einer ist für Gott (ein ziemlich großer Stuhl) und einer ist für Sie. Vor Ihnen stehen ein Fernseher und ein Videorekorder, und auf dem Video steht: »Was hätte sein können!«

Und dann schauen Sie sich mit Gott einen Film an, in dem es darum geht, was in Ihrem Leben möglich gewesen wäre, wenn Sie Gott die Kontrolle überlassen hätten. Wenn Sie völlig nach seinen Prinzipien gelebt und ihm Ihre Ressourcen so zur Verfügung gestellt hätten, dass er sie hätte gebrauchen können. Sie sehen all den Segen, all die abgewendete Not, all die Bedürfnisse, die Gott gestillt hätte. Sie sehen die Menschen, die berührt wurden, Leben, die sich durch Ihren Einsatz verändert haben. Sie sehen, wie sich Ihr eigener Charakter immer mehr entwickelte, sehen Ihr Leben, wie es immer von den Versprechungen und Verlockungen des Geldes befreit wurde. Sehen, wie in Ihrem Leben das Vertrauen auf Gott immer stärker wurde. Sie sehen, wie Ihre Grundeinstellung immer mehr von Großzügigkeit, Freude und Dankbarkeit durchdrungen wurde. Sie sehen all das, was hätte sein können, wenn Sie Gott die Kontrolle überlassen hätten.

All das kann immer noch Wirklichkeit werden! Nicht von heute auf morgen, nicht alles auf einmal, aber Schritt für Schritt! Nur eines ist dazu erforderlich: Wir müssen beginnen, unseren Traum zu leben!

Schlusswort

von Berit Hein

Gott traut Ihnen zu, ein treuer Haushalter zu sein, und er hat die Macht, Ihnen dabei zu helfen. Aus diesem Grund möchten wir dieses Buch mit einem Gebet beenden.

Gott, ich danke dir, dass du alle Macht hast. Du hast die Kraft, die Liebe und den Willen, mich bis in mein tiefstes Inneres zu verändern. Du kannst Unglaubliches in meinem Leben bewegen und tun.

Ich bitte dich, verändere mein Herz und mein Denken, sodass ich eine neue Sicht meiner Finanzen bekomme und mit ihnen auf eine Art und Weise umgehe, die dir gefällt. Hilf mir dabei! Lass mich ein guter Haushalter dessen sein, was du mir anvertraut hast. Zieh mich immer wieder in die Gemeinschaft mit dir. Ich sehne mich danach, von dir die Worte zu hören: »Gut gemacht, treuer Haushalter.«

In Jesu Namen, amen.

Literaturtipps

- Campus für Christus: »Schritte in die persönliche Freiheit« (Kleingruppenkurs). Dazu ebenfalls erhältlich: Craig Hill/Earl Pitts: »Motten, Mäuse & Mercedes«. 2000.
- Ken Blanchard/S. Truett Cathy: »Das Prinzip Großzügigkeit«. Asslar: Projektion J, 2003.
- Clive Pick: »Gott, unser Finanzexperte«. Solingen: Verlag Gottfried Bernard, 1998.
- Dick Towner: *Good Sense Budget Course – Transformational Stewardship for Today's Church.* Zondervan 2002.

Über die Autoren

Berit Hein

Nach einem Studium an der pädagogischen Hochschule Flensburg und kurzer Tätigkeit als Grund- und Hauptschullehrerin orientierte Berit Hein sich beruflich um und machte eine Ausbildung zur Bankkauffrau, einem Bereich, in dem sie auch lange gearbeitet hat. Seit 2003 gibt sie Seminare zum Thema »Finanzen« und arbeitet seit 2004 als selbstständige Dozentin. Die Autorin, Jahrgang 1964, lebt mit ihrem Mann in Hundorf/Mecklenburg-Vorpommern, einem Ort in der Nähe von Schwerin.

Reinhard Rubow

ist Finanzvorstand einer Medizintechnik-Aktiengesellschaft. Zuvor war er in verschiedenen Kaufmännischen Führungspositionen in Industrie-, Beratungs- und Forschungsunternehmen tätig. In ehrenamtlichen Vorträgen und Trainings vermittelt er im kirchlichen Umfeld praktische Hilfen für die persönliche Finanzplanung und -steuerung. Reinhard Rubow ist Gemeindeleiter und Ältester einer Evangelisch-Freikirchlichen Gemeinde, ist verheiratet und hat zwei erwachsene Kinder.

Jörg Ahlbrecht

Jörg Ahlbrecht ist als Referent für Training und Netzwerk bei *Willow Creek* Deutschland beschäftigt. Vorher war er elf Jahre lang Pastor einer Baptistengemeinde. Neben seinen Aufgaben in der Gemeinde war er 10 Jahre lang als freier Journalist und Autor für verschiedene Radiosender in Deutschland tätig. Er lebt mit seiner Frau und den beiden Töchtern in Weimar (Lahn).

Geben – Großzügigkeit als Lebensstil

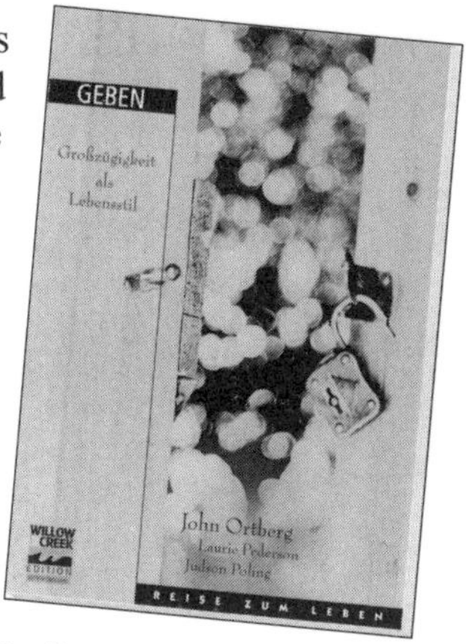

Geld – ein Thema, über das Jesus viel gesagt hat. Und ein Thema, das uns alle beschäftigt. Tief in uns wissen wir, dass der Umgang mit Finanzen deutlich zeigt, wo wir unsere Prioritäten setzen und was uns im Leben wirklich wichtig ist.
„Gute Haushalterschaft“ ist weit mehr als reine Verwaltung. Sie bezieht auch unseren Charakter mit ein und formt ihn. Entdecken Sie in diesem praktischen Kleingruppenheft, dass „Geben“ neben Gebet und Bibelstudium eine weitere wichtige geistliche Übung ist. Und erleben Sie, was sich in diesem Bereich verändert, wenn Sie dem immer ähnlicher werden, der Ihnen Leben im Überfluss schenken möchte: Jesus.

John Ortberg
Geben
Heft, 136 Seiten
Bestell-Nr. 657 462